JN072567

にほんの結界
ふしぎ巡り

桜井識子

宝島社
文庫

宝島社

はじめに

この本を手に取っていただき、ありがとうございます。本書のメインテーマは「図形のパワー」です。神社を頂点とした図形、神社の位置を星として見た図形に、パワーがあるのかどうか……という検証をしました。

平将門《たいらのまさかど》関連の7つの神社（場所）は、北斗七星として描かれているという説があります。その北斗七星は本当に結界を張っているのか？　北斗七星という形にパワーがあるのか？　ということを、私が実際にまわって検証をしています。同じく坂上田村麻呂《さかのうえのたむらまろ》が作ったという津軽《つがる》北斗七星もあって、こちらはなんのためだったのか？　ということを、私が現地に行って解き明かしてきました。

五芒星《ごぼうせい》という形についても検証をしています。五芒星は陰陽師《おんみょうじ》である安倍晴明《あべのせいめい》が好んで使っていた図形です。ですから、そこには何か……世間には公表していない神秘的な力があるのではないか？　と考え、一筆書きでまわってみました。

「都市伝説」「ミステリースポット」「結界」など、見えない世界を神仏とは違う別の面からアプローチしてみたのですが、その過程で貴重な情報も得ています。江戸時代の結界であるという「五色不動《ごしきふどう》」をまわった時に、生霊《いきりょう》や強い悪霊《あくりょう》、しつこい他人からのイヤな念などを、たった1日でクリアにする画期的な方法をお不動さんから教わりました。

江戸時代のミステリースポット「本所《ほんじょ》七不思議」も行ってきました。夜、幽霊の世界と過去に意識を合わせて歩くとどうなるのかを、私が体験し、それを書いています。現代の代表的な都市伝説、「小さいおじさん」「宇宙から光の柱が見えた神社」にも挑戦しました。どちらも神社を訪れて、事実をしっかりと見て、それをそのまま書いています。

最後の章では4社の神社を紹介しています。4社とも特徴のある神社で、行ってみたいと思われる方は多いと思います。なぜ本殿の裏側が心地よいという神社があるのか？　という理由を聞いてきましたし、大出世されたお稲荷さんのお話も書いています。

実はこの本の取材をしていて私は呪いにかかりました。遠い古代の呪いでも、かかる時はかかるのです。そのような場所は軽い気持ちで行ってはいけないということ、呪いは本当に怖い、ということを学びました。私の呪いを解いてくれたのは神様です。この貴重な体験もすべてそのまま書いていますから、どなたかの、何かの参考になるかもしれません。

見えない世界をいろんな角度から検証した1冊です。楽しんでいただけたら嬉しく思います。

桜井識子

にほんの結界 ふしぎ巡り――目次

はじめに 2

第1章 北斗七星の検証

北斗七星 12
北斗七星とは 12

平将門北斗七星 16
鳥越神社 台東区鳥越 18／兜神社 中央区日本橋兜町 27
平将門首塚 千代田区大手町 30／神田明神 千代田区外神田 32
筑土八幡神社 新宿区筑土八幡町 36／水稲荷神社 新宿区西早稲田 41

鎧神社 新宿区北新宿 44

津軽北斗七星 50

津軽北斗七星とは 52／乳井神社 青森県弘前市 54
鹿嶋神社 青森県中津軽郡 55／岩木山神社 青森県弘前市 57
熊野奥照神社 青森県弘前市 65／猿賀神社 青森県平川市 66
浪岡八幡宮 青森県青森市 68／大星神社 青森県青森市 70
突然襲ってきた謎の痛み 73／神様のありがたさを実感する 76
呪術の実力 79

第2章 五芒星の検証

五芒星とは 86

昔は太陽を表していた星形 86

京都五芒星　89

京都五芒星❶　上賀茂神社　京都市北区　89
京都五芒星❷　西院春日神社あたり　京都市右京区　92
京都五芒星❸　左京区北白川八叉路あたり　京都市左京区　94
京都五芒星❹　宇多天皇大内山陵参道あたり　京都市右京区　95
京都五芒星❺　八坂神社あたり　京都市東山区　97
京都五芒星　結び　上賀茂神社　100

関西五芒星　103

関西五芒星❶　伊勢神宮内宮　三重県伊勢市　103
関西五芒星❷　元伊勢内宮皇大神社　京都府福知山市　109
関西五芒星❸　熊野本宮大社　和歌山県田辺市　114
関西五芒星❹　伊吹山山頂　滋賀県米原市　117
関西五芒星❺　伊弉諾神宮　兵庫県淡路市　126
関西五芒星　結び　伊勢神宮内宮　133

五芒星取材は苦行 136／五芒星の効果 139

第3章 ミステリースポットの検証

五色不動 152

五色不動とは 154／目黒不動 瀧泉寺：目黒区 155／目青不動 最勝寺：世田谷区 162

目白不動 金乗院：豊島区 165／目赤不動 南谷寺：文京区 167

目黄不動 最勝寺：江戸川区 169／不動明王5ヶ所参拝のすすめ 173

都市伝説「小さいおじさん」 178

大宮八幡宮 東京都杉並区 178

御岩神社 190

宇宙から波動が見える？ 190／御岩神社 茨城県日立市 192

本所七不思議 204
本所七不思議とは 206／置いてけ堀 錦糸堀公園付近 208
送りちょうちん 法恩寺付近 210／ばかばやし 本所中学校付近 212
消えずのあんどんと津軽の太鼓 南割下水碑があるところと緑町公園 213
落葉なき椎 旧安田庭園 215／片葉のあし 両国橋付近 216
夜に心霊スポットに行くことは 219／意識を合わせない大切さ 222

第4章 最新の神社情報
おすすめの神様 230
阿智神社 岡山県倉敷市 230／笠間稲荷神社 茨城県笠間市 236
酒列磯前神社 茨城県ひたちなか市 241／大洗磯前神社 茨城県東茨城郡 246

おわりに 252

本書は、2020年11月に小社より刊行した
『にほんの結界 ふしぎ巡り』を
改訂・再編集したものです。
本文デザイン・DTP：川瀬 誠
カバーデザイン：杉本欣右

第1章 北斗七星の検証

古くから信仰されてきた天の星

北斗七星

北斗七星とは

北極星は北半球に住む人々にとって、動かない星ということで重要視され、古くから世界のあちらこちらで信仰の対象とされてきました。日本でも平安時代より少し前に、この信仰が大陸から伝わっています。

妙見菩薩《みょうけんぼさつ》はこの世に北極星として現れるという仏様です。国土を守護し、災厄を消し、貧困を救い、福寿を増すというごりやくで、安置されている「妙見堂」というお堂が全国各地にあります。

特別な星として信仰されてきた北極星のまわりをまわる北斗七星もまた、聖なる星として敬われてきました。デジタル大辞泉から、北斗七星の説明を引用します。

【北天にある大熊座の七つの星。ひしゃく（斗）の形に並ぶ。北半球の中緯度以北の地ではほとんど一年中見ることができ、北極星を探す指極星として、また一昼夜に一

二方を指すところから時刻を計る星として古来親しまれてきた。ななつぼし。七曜星。北斗星。】

北斗七星信仰の起源は密教僧がインドから持ち帰った書物に、北斗七星を利用した悪霊を祓《はら》う方法が載っていたところからだそうです。その後、密教において北斗七星を中心とした曼陀羅《まんだら》が作られています。

人間は生まれながらにして、北斗七星の7つの星のどれかと結ばれている……という信仰もあります。生まれてから死ぬまで、一生その星（属星）に支配されるというわけです。参考のために生まれ年と属星を書いておきます。

子《ね》年「貪狼星《どんろうせい》」

丑《うし》・亥《い》年「巨門星《こもんせい》」

寅《とら》・戌《いぬ》年「禄存星《ろくぞんせい》」

卯《う》・酉《とり》年「文曲星《ぶんきょくせい》」

辰《たつ》・申《さる》年「廉貞星《れんていせい》」

巳《み》・未《ひつじ》年「武曲星《ぶごくせい》」

午《うま》年「破軍星《はぐんせい》」

調べてみたら、中臣鎌子《なかとみのかまこ》（のちの藤原鎌足《かまたり》）は、毎月2回、属星を祀って位人臣《くらいじんしん》を極めたということになっていますし、右大臣《うだいじん》だった藤原師輔《もろすけ》は、「朝、目覚めたら属星を7回唱えるべし」と記録に残しているくらい、熱心に信仰していたようです。

さて、このように古代から信仰されてきた北斗七星ですが、私は信仰対象として見たことがありませんでした。他の星座と同じように、夜空を彩る図形のひとつだったのです。

この本の打ち合わせの時に、担当者さんが「このようなテーマはどうでしょう?」と持って来たのが、「マップ上に描かれた図形」でした。地図上の神社仏閣を、北斗七星や五芒星、オリオン座、レイライン、渦巻などになるように、線で結んでいるのです。これらの検証をするのはいかがでしょうか……という提案でした。

私がそれまでに一度も考えたことのない内容だったので、その場で思いっきり食いつきました(笑)。なんだかすごく面白そう! と思ったのです。

レイラインや渦巻にはまったく惹《ひ》かれなかったので除外し、平将門北斗七星、京都五芒星、関西五芒星、天海僧正《てんかいそうじょう》(32ページで説明しています)が結界を張ったという五色不動、この4つは興味シンシンでした。

担当者さんに提案された北斗七星はひとつだったので、検証としてもうひとつまわったほうがいいかも？　と思い、調べた結果、東北に「津軽北斗七星」があることがわかりました。こちらも体験をしに青森へ行っています。

平将門北斗七星はすべて都内にあって、鳥越《とりごえ》神社、兜《かぶと》神社、平将門首塚、神田明神、筑土《つくど》八幡神社、水稲荷神社、鎧《よろい》神社の7ヶ所です。この順番でまわりました。順に説明をしていきたいと思います。

7つのごりやくが花開く
平将門北斗七星

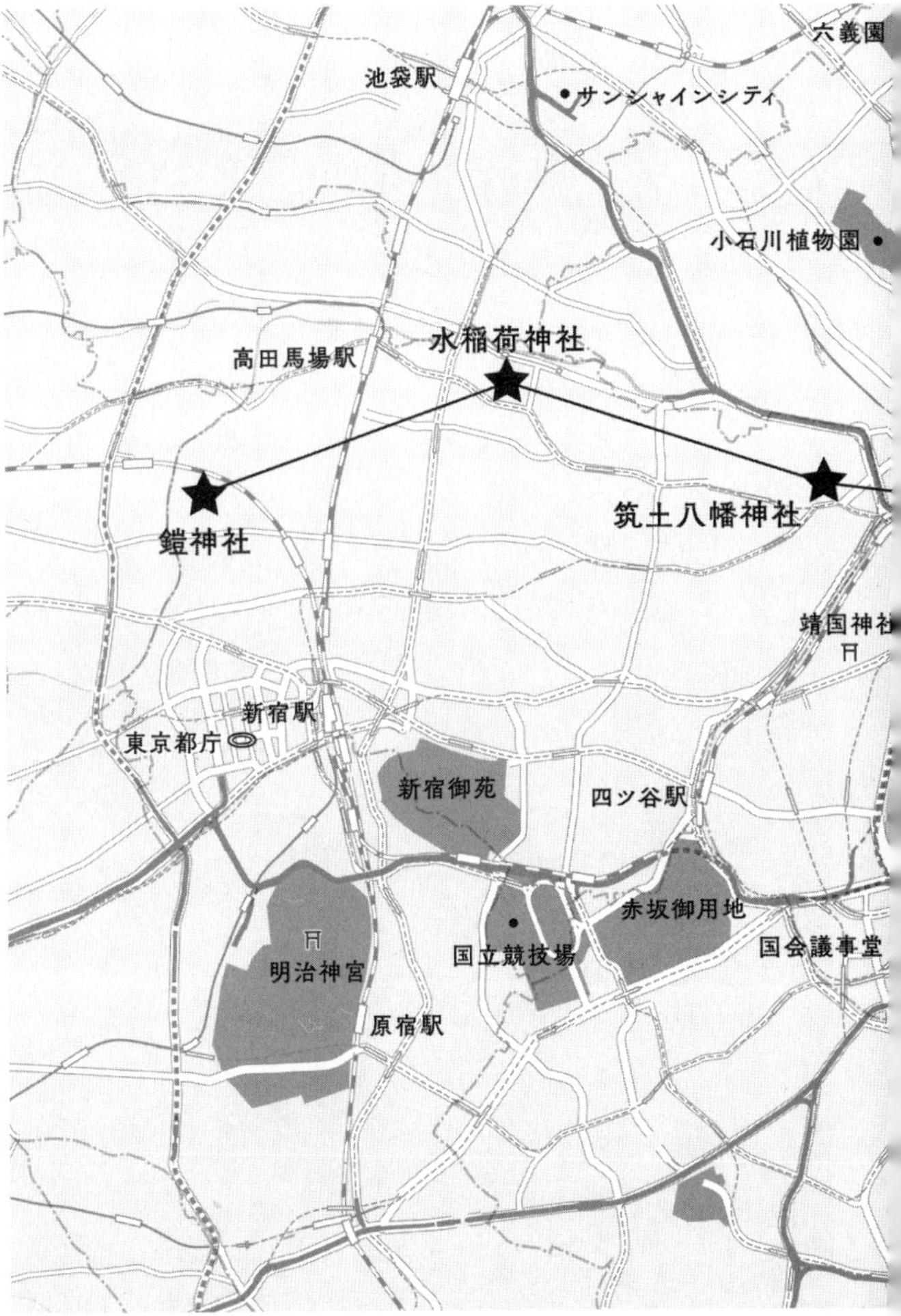
六義園
池袋駅
サンシャインシティ
小石川植物園
水稲荷神社
高田馬場駅
鎧神社
筑土八幡神社
靖国神社
新宿駅
東京都庁
新宿御苑
四ツ谷駅
赤坂御用地
国会議事堂
国立競技場
明治神宮
原宿駅

鳥越神社　～台東区鳥越～

北斗七星のひしゃくの水をためる容器部分、その端っことなる神社です。どうしてこの神社が〝平将門〟北斗七星に入っているのかといいますと……。

将門さん（神田明神でお世話になっているので呼び捨てをすることに抵抗があります。神様ですから、このような呼び方は控えたほうがいいのでしょうが、以前別の取材でお会いした時に将門さんと呼ばせてもらって、それ以来この呼び方で許してもらっています）の首は討ち取られたあと、関東から京都まで運ばれました。

新皇《しんのう》を名乗り、反乱を起こした極悪人

ともいえる朝敵でしたから、その首は七条河原にさらされました。将門さんはさらし首となってもカッと目を見開き、何ヶ月たっても腐らなかったといいます。

夜な夜な叫び続けたという話もありますが、一番有名なのは、首だけになっても激怒していた将門さんは、さらされて3日目に、夜陰に乗じて関東を目指して空高く飛び去った、というものです。

首だけで京都から関東を目指して飛んだものの、残念なことに途中で力尽き、地上に落下したそうです。その場所が現在の「首塚」です。

鳥越神社がこの話のどの部分と関わりがあるのかというと、首がびゅーんと飛んでいる時に、神社があるこの地を「飛び越えた」そうです。それで「飛び越え」が「鳥越」となった、という説があります。


境内にあった台東区教育委員会が書いている由緒板には、白雉《はくち》2（651）年の創建となっていました。日本武尊《やまとたけるのみこと》が東国平定の道すがら、当時「白鳥村」だったこの地に滞在し、村民がその威徳をしのんで「白鳥明神」として奉祀したのが、神社の起源だと書かれていました。

そののち、永承年間（1046～1053）、前九年の役鎮圧のため、この地を通った源頼義《よりよし》・義家《よしいえ》父子が鳥が越えるのを見て川の浅瀬の場所を知り、隅田川を渡ったということから「鳥越大明神」と名づけた、とのことです。

源頼義・義家父子のエピソードは「なるほど」とうなずけます。しかし、将門さんの首から命名したという説は……かなり無理があるように思いました。そもそも本当に首が京都から関東まで飛んだのか？　というところから疑問です。

百歩譲って飛んだとしても……京都から関東に来るまでに、飛び越えた神社は山ほどあるのでは？　と思います。1社だけを特別に、首が飛び越えたから「飛び越え＝鳥越」ね、というのは理由としては苦しいかなぁ、というのが私個人の意見です。

ちょっと想像してみました。

「おととい、生首が空を飛んでいただろ？　見た？」

「ああ、見た見た。すごい顔してたよな」

「あれ、平将門なんだって」

「えっ⁉　それって、京都からここまで飛んできたってこと？　首だけで？」

「らしいよ。風に揺れるザンバラ髪が妙に怖かったよなぁ」

「うん。俺もそう思った。そばに寄ったら祟られそうだよね」

と、首を見た2人が話しているところに神職さんがやってきて、こういいます。

「おぉ、あの生首は平将門だったのか。では、生首がここを飛び越えたから、神社の名前を今日から『飛び越え』にしよう！」

「ええええーっ⁉」

神様が鎮座する神社名を生首由来にする神職さん……いたら面白いと思いますが、いないように思います。

しかもその当時、将門さんはさらし首にされた人物であり、現代のようなヒーローではなく朝敵だったのですから、この説はありえないのでは……と思いました。

とまぁ、そのようなことを由緒板を見た時に考えましたが、もしかしたら伝わっていない、将門さんとのご縁があるのかもしれません。そのあたりのことを神様に聞いてみよう、と拝殿へ向かいました。

境内はそんなに広くはありませんが、あたたかい高波動で満ちています。のぼり旗をたくさん立てているので、明るく活気のある雰囲気です。地元のおじさんがお参りに来たので、邪魔をしないよう先に境内を見せてもらいました。

拝殿の奥、本殿の左側に立派な造りの境内社があって、ここで写真を撮っていたら、神様とのコンタクトの準備もしていないのに、いきなり、

「安産祈願をする？」

と、聞かれました。え？　誰？　と見ると、その境内社の神様でした。ニコニコしていて、なんだか楽しそうに私を見ています。

「いえいえ～、私はもう安産のごりやくは必要ございません」

答えている途中から、神様はくすくすと笑っていました。もちろん冗談で聞いているのです。とても優しい女性の神様で親しみやすい雰囲気ですが、「もしかしたら、おヒマなのかも？」と思いました。神社に来た参拝者は拝殿で手を合わせると、こちらまで来ずに失礼する人が多いみたいです。

「志志岐《しじき》神社」という案内板があって、安産の神様だと書かれていました。お話をお聞きすると、本当に長崎県の対馬から来られています。見た感じは古代の海女《あま》さんです。

安産がメインのごりやくですが、他のお願いも聞いてくれるそうです。遠慮なくなんでも願ってよいといっていました。女性には特によくしてくれるという神様です。

本殿の神様は男性でした。衣冠束帯《いかんそくたい》ではなく、武士……それも初期の武士という格好をしています。このあたり一帯を広く守っていて、氏神様として古くから地域の人々を大事にしてきた神様です。

「将門さんの北斗七星のひとつだということで、取材に来ました」

神様は将門さんの北斗七星の一部になっていることをご存じでした。けれど、北斗七星を模して各神社が建てられたわけではなく、その形を考えて神様が祀られたわけでもなく、神様ご自身が北斗七星を意識しているとか、そういうこともないそうです。完全に後づけなのです。

ということは、7社（首塚も1社と数えています）は、たまたま北斗七星になっているわけです。将門さんと関係がなくても、北斗七星の形どおりに参拝をすれば図形からパワーをもらうことができるのでしょうか、とお聞きしてみました。

神様によると、空にある星の位置を地上に写しても、そこにパワーが生まれることはないそうです。空にあるのは本物の星です。どの星も恒星としての強いエネルギーを持っています。

地球から各恒星までの距離はまちまちですし、7つの星は太陽系のように同じ範囲にあるのではないため、星同士につながりはありません。空間的には全然違う場所にあるのです。この星々が地球からひしゃくに見えるからといって地上にその形を描いても……意味はないそうです。

もしも星座を地上に描いて、その図形からパワーが発生するのだとしたら、超古代から現代までそこに気づく人がいないことはありえないので、地球上には星座の形を描いたものがあちらこちらに、数えきれないほど作られているはずです。

ギザのピラミッドがオリオン座の形だということは知っていますが、他には聞いたことがなく……私の知識不足で、もしかしたら他にもあるのかもしれませんが……パワーを示す有名なものはないように思います。

神様のいうとおり、星座を描いてもその〝図形〟からパワーが生まれることはないのだろうと思いました。

そこで、ふと「ここの由緒は日本武尊だと書いてあったな～」と思い出し、確認のために質問をしました。

「あ、そうそうそう！　神様、ここに日本武尊が来て……」

まだ話の途中なのに神様は食い気味で、

「ないないないない」

と、手をひらひらさせながら大笑いをします。陽気で気さくな神様です。そうか、やっぱり来ていないんだな～、と思ったところで、おぉ、そうだ、頭上を飛び越えたという将門さんの首のことも聞かねば！　と気づきました。

「あっ！　そうそうそう！　神様、将門さんの首がここを飛び越……」

「ないないないない」

と、またしても食い気味で、手をひらひらさせつつ、大笑いしています。面白い神様なのです。手をひらひらさせるその仕草が神様とは思えない、親近感の湧く好人物という印象です。この神様には確実に癒やしをもらえます。


将門さんの北斗七星としてここに来る人もいるそうです。ネットには平将門北斗七星としての参拝記録がたくさんありました。この先もそのような人がいるのでしょうが、北斗七星としてのごりやくはないのです。

ただ、7ヶ所の神社でそれぞれご縁をもらえば、7つの神縁（神田明神と首塚は同じ将門さんですが、神田明神には他にも神様がいるので7つです）を一度にもらうわけですから、

「それが収穫といえる」

とのことです。

7ヶ所の神社の神様は、今まで連絡を取り合うことはなかったそうです。お互い関知しない神様方であり、各神社は独立しています。でも、連絡を取り合って、すべて

の神様が北斗七星を意識すれば……もしかしたら、特別な何かができるかもしれない、と提案してくれました。それは星座の「形」によるごりやく、「形」にもらうパワーではなく、7柱の神様が協力することによってもらえるごりやくです。

「では、これからは、北斗七星として参拝する人に、7柱の神様から特別なごりやくを授ける、というのはどうでしょう？」

神様はニンマリという感じで笑っています。

「鳥越神社を1番にして、図形通りに7ヶ所の参拝を完了したら、何か特別なごりやくをいただけますか？」

神様は先をうながすように優しく微笑んでいます。

「新しいプロジェクトとして、今日から始めるのはいかがでしょう？」

ワクワクしながらそういうと、神様は極上の笑顔でうなずきながら、

「面白い」

といってくれました。

「私が今から残りの6社をまわってお話をしてきます！」

「わかった、協力をしよう」

ということで、鳥越神社の神様は力強くオーケーをくれました。「平将門北斗七星

スタンプラリープロジェクト」に大賛成してくれたのです。

この神社を参拝したのは6月だったので、神前にびわがたくさん実っていました。果実が多く実っているのは縁起がよく、神様も素敵だし、また参拝したい！　と心から思った神社でした。

兜神社　～中央区日本橋兜町～

兜神社は明治11（1878）年、東京株式取引所（東京証券取引所）の設置にともない、取引所関係者一同の信仰の象徴および鎮守として造営した、ということが由緒板に書かれていました。ご祭神は「倉稲魂命《うかのみたまのみこと》」です。

境内には岩があり、これが「兜岩」と呼ばれています。前九年の役（1050年代）の頃、源義家が東征のおりにこの岩に兜を掛け、戦勝祈願したのが由来であると伝わっていて、兜町という地名もここからきているそうです。

由緒とは別に、藤原秀郷《ひでさと》（将門さんを討ち取った人です）が、将門さんの兜を埋めた場所であるという説があり、それで平将門北斗七星のひとつになっています。

神社創建は明治になってからですが、もともとこの地には「鎧稲荷」と「兜塚」があって、それが合祀されてこの神社になったみたいです。もとがお稲荷さんなので、ご祭神が倉稲魂命というわけです。

証券取引所のすぐそばにある神社です。到着して、実際にお社を見て「え？」と戸惑いました。ビックリするくらい小さいのです。

平将門北斗七星のひとつですから、鳥越神社クラスばかりだと思っていたのですが……予想外の小ささに驚きました。この規模の神社が北斗七星のひとつでいいのでしょうか？　と思ったのが、正直な感想です。

いやいや、何をいうのですか、識子さん、明治以前にあった兜塚が重要なのですよ、といわれれば、ああ、なるほどと思うのですが……その兜岩も、特別な岩のようには思えませんでした。オーラがまったくないのです。失礼を承知でいいますと、後づけだろうと思いました。

お社にご挨拶をすると神様が出てこられました。ご祭神の名前からして、さらに古くは鎧稲荷だったということからして、お稲荷さんかと思ったら、なんと！　狼の神様が出てこられたのです。これも意外で心底驚きました。

神様は一匹狼です。関東は三峯《みつみね》神社や武蔵御嶽《むさしみたけ》神社など狼の眷属《けんぞく》が多いので、狼の神様が存在していることに不思議はありません。でも、どうしてここに？　さらに、なぜ1柱だけ？　とそこが謎です。

狼の神様はこの神社が平将門北斗七星のひとつになっていることをご存じでした。けれど、そちらの関係で参拝に来ても、特別にごりやくを授けることはないそうです。この神様も、北斗七星の一部だからその流れで来た人に何かをしてやらねば、という意識はない、といっていました。

「北斗七星の形からパワーを得られることもないのですよね？」

「ない」

神様は明るく笑っています。さらに、将門さんの兜も埋められていないといいます。

「由緒を読むと、お稲荷さんがいる神社として創建されているみたいですが、狼と書いてもよろしいのでしょうか？」

「うむ」

神様は細かいことにはこだわらない性質のようで、なんでも書いてよい、と太っ腹です。ここで平将門北斗七星新プロジェクトのお話をしました。

「鳥越の神様はオーケーをくれたんです」

そういうと、

「おぉ、そうか！」

と、理由はわかりませんが、非常に元気な返事が返ってきました。そして、この神様もニコニコして「面白そうだ」と大賛成をしてくれたのです。

お稲荷さんの神社として人々に願掛けをされてきたということは、商売繁盛のお願いが多かったはずです。神様はそれを叶えてきたわけです。どうして憑《つ》き物落としに強い狼の神様が、商売繁盛にごりやくがあるのでしょうか？　とお聞きしました。

この神様は、他者に「勝つ」という形でごりやくを授けているそうです。敵、ライバル、同業者に勝つ、だから商売が他者よりもうまくいく、繁盛する、という仕組みです。ついていない人、悪いものを乗せている人の悪いものを落とす、という本来のごりやくもあるので、その両方から商売繁盛や金運をよくしているということでした。

平将門首塚　～千代田区大手町～

前述したように、京都でさらされていた将門さんの首は憤怒《ふんぬ》の形相で空に舞い上がり、関東を目指して飛び去ったことになっています。途中で力尽きて落ちた……という場所がこの首塚だと伝わっているのです。

　歴史上、さらし首にされた最初の人物がどうやら将門さんだったらしく、それで首にまつわる伝説が各地に多く残っているみたいです。

　ここの首塚には非常に小さな、烏天狗《からすてんぐ》のような眷属が10体くらいいます。久しぶりに訪れたら、相変わらず小さな眷属が首塚の中を飛びまわっていて、しっかりとこの空間を守っていました。

　最初に首塚に来た時はどうして眷属がいるのかがわからず、昔は神田明神がこのあたりにあったらしいので、神社の移転がうまく処理されていないのかなと思いました。その後、茨城県の鹿島《かしま》神宮を訪れた時に、神様が大地について教えてくれました。

　大地には、人間にはわからない大事な場所があるそうです。その上に建物（家やオフィスビル、工場、施設など人間が使う建物です。神社の社殿は別です）を建ててはいけない、上に人間が住んではいけない、という場所があり、中には一切いじってはいけないという土地もあるそうです。

そのような大事な土地には神様がいて、そこに神社を建てさせ、それで土地を守っているというお話を聞きました。将門さんの首塚もそうなのだと教えてもらったのです。スピリチュアル的に重要な土地であるから、眷属がこの空間を守っているようです。

ここは要となる土地であり、大地にとって重要なポイントです。空までパワーがぶわーっとひらいているパワースポットですから、空を仰ぐとそのパワーを実感できます。

神田明神 ～千代田区外神田～

東京に引っ越してきてまだ3年（2020年当時）ですが、神田明神には何度も参拝しています。将門さんは強力なパワーを持った頼りになる神様であり、夜しか来られない参拝者のことを思って、夜も社殿におられます。責任感が強い、男気のある神様です。

将門さんにも北斗七星のことをお聞きすると、やはり7つの神社と星座は関係がなく、形によるごりやくもないとのことです。

この北斗七星は江戸前期の天台宗の僧「天海」によるものだという説があります。

天海僧正という人物は徳川家康公に厚く信頼されたため、その後も秀忠公・家光公に仕えています。3人の将軍の補佐として幕政に参与した人です。マイペディアの解説によると、【以心崇伝《いしんすうでん》と並ぶ江戸幕府宗教行政の中心人物】だったそうです。

江戸幕府をひらくにあたって、四神相《ししん》応にふさわしい場所を見つけたり、土地の吉凶を占ったり、徹底した鬼門封じなどを行なっています。神田明神はもともと首塚のあたりにあったそうですが、天海僧正が行なう鬼門封じのために、元和《げんな》2（1616）年に現在地に移されています。

天海僧正は大きな権力を有しており、

幕府のお金をふんだんに使える立場でした。幕府の都合で移転させたため、神田明神の社殿は幕府が造営をしています。

力を持った人でしたから、もしも、北斗七星を使って将門さんの怨念を封じ込めるとか、結界を張るとか、何かそのようなことをするのであれば、もっと大がかりでしっかりしたもの、確実なものを作ったのではないか……というのが私の推測です。由来のはっきりしない兜岩を重要な北斗七星のひとつにする……という、そこがどうしても天海僧正という人物と合っていないように思いました。

無名の僧侶、お金を持っていない僧侶なら、たとえ小さくてもお堂を建てる資金がないでしょうから、正しいかどうか判断がつかない岩を北斗七星のひとつにするのはわかります。その岩をお堂に祀らず、裸のままさらしておくのも理解ができます。

が、しかし、家康さんから全幅の信頼を寄せられていた天海僧正です。江戸という町のために神社でもお寺でも簡単に建てることができた人なのです。北斗七星で結界を張る、もしくは呪術をかけるのであれば、社殿くらい建てたのでは？　と私はそう思います。

将門さんが「北斗七星とは関係がない」というのを聞いて、深く納得しました。

北斗七星と7社は無関係だと改めて将門さんにいわれたので、新しいプロジェクトのお話をしました。将門さんは、わざわざ7ヶ所をまわらなくても「ワシのところに来ればいいではないか」みたいな、冗談半分本気半分のセリフをいいながらも、お顔はニコニコの笑顔です。

「スタンプラリーのように7社をまわることでご縁をいただきたいのです。7つの神縁がもらえて、さらにそこにプラスして、何か特別なごりやくがあると参拝が楽しくなります。どうかよろしくお願いいたします」

鳥越神社と兜神社でオーケーをもらったことも報告しました。将門さんはふむふむとうなずきながら聞いてくれて、爽やかな表情で、「協力しよう」と賛成してくれました。

ありがたいことに、神田明神ではあらゆる困難を吹き飛ばすくらいの大きなパワーを、そして、首塚では弱った心や疲れを充電する大地のエネルギーを、与えてくれると約束してくれました。この大盤振る舞いはさすが将門さん、といえるものです。

神田明神は7ヶ所をめぐる中間地点です。私はここで休憩を取りました。拝殿前にベンチがあるのでゆっくり休むことができますし、境内にはカフェもあるのでお腹を満たすこともできます。

将門さんに大きなパワーをもらって、将門さんのふところで休憩をして、疲れが取れたら後半に突入です。

筑土八幡神社　～新宿区筑土八幡町～

まずは境内にあった由緒書きからご紹介します。

【昔、嵯峨《さが》天皇の御代《みよ》（今から約千二百年前）に武蔵国豊嶋郡牛込の里に大変熱心に八幡神を信仰する翁《おきな》がいた。ある時、翁の夢の中に神霊が現われて、「われ、汝《なんじ》が信心に感じ跡をたれん。」と言われたので、翁は不思議に思って、目をさますとすぐに身を清めて拝もうと井戸のそばへ行ったところ、かたわらの一本の松の樹の上に細長い旗のような美しい雲がたなびいて、雲の中から白鳩が現われて松の梢にとまった。翁はこのことを里人に語り神霊の現われたもうたことを知り、すぐに注連《しめ》縄をゆいまわして、その松を祀った。

その後、伝教《でんぎょう》大師がこの地を訪れた時、この由を聞いて、神像を彫刻して祠に祀った。その時に筑紫《つくし》の宇佐《うさ》の宮土をもとめて礎としたので、筑土八幡神社と名づけた。

さらにその後、文明年間（今から約五百年前）に江戸の開拓にあたった上杉朝興《ともおき》が社壇《しゃだん》を修飾して、この地の産土神《うぶすな》とし、また江戸鎮護の神と仰いだ。】（ルビ編集部）

以上が正式な由緒です。将門さんとはどこでどのような関係があることになっているのだろう？　と思ったら、どうやら神社ではなく、この「土地」が重要みたいです。というのは、この神社の西側には、かつて「津久戸《つくど》明神」という将門さんを祀る神社がありました。

津久戸明神はその後、「築土神社」となり、戦災で焼失したのち2回移転して、現在は千代田区九段北にあります。こちらが将門さんの首を祀った神社だと伝わっているのです。

首を祀った神社ですから北斗七星のひとつとするべきで、それでかつて神社があったこの場所が入っているようです。でも今は筑土八幡神社しか残っていない

ため、この神社の名前が7社の中にあるみたいです。

ご参考までに、築土神社の公式ホームページより由緒を引用しておきます。

【築土神社は940年（天慶《てんぎょう》3年）6月、関東平定後、藤原秀郷らの手で討たれ京都にさらされた平将門公の首を首桶に納め密かに持ち去り、これを武蔵国豊島郡上平河村津久戸（現・千代田区大手町周辺）の観音堂に祀って津久戸明神と称したのが始まりで、江戸城築城後の1478年（文明10年）6月には、太田道灌《どうかん》が江戸城の乾《いぬい》（北西）に当社社殿を造営。太田家の守護神、そして江戸城の鎮守神として厚く崇敬された。

1552年（天文21年）11月には、上平河村内の田安郷（現在の九段坂上からモチノキ坂付近）に移転。当時の境内地は極めて広大でその地名を冠して田安明神とも称し、山王《さんのう》（日枝神社）、神田（神田明神）とともに江戸三社の一つに数えられ、江戸庶民の崇敬の的となった。然《しか》るに1589年（天正17年）徳川家康江戸入城の際、江戸城拡張（二の丸等築造）のため下田安牛込見附米倉屋敷跡（現在のJR飯田橋駅付近）へ、さらに1616年（元和2年）には江戸城外堀拡張のため新宿区筑土八幡町へと移転し、築土明神と改称した。

～中略～

1945年（昭和20年）4月、戦災により社殿・社宝その他悉《ことごと》く全焼し、翌1946年（昭和21年）9月、千代田区富士見へ移転。さらに1954年（昭和29年）9月、九段中学校（現・九段中等教育学校）建設のため再び立ち退き余儀なくされ、現在地（九段中坂）にあった世継《よつぎ》稲荷神社の敷地内へ移転し新社殿竣工。】（ルビ編集部）

築土神社には将門さんの別の取材で訪れたことがあります。

この由緒を読んでわかったのは、現在の築土神社はもともとお稲荷さんの境内だったということです。神様世界のルールでいえば、ご祭神はお稲荷さんで築土神社は境内社になるはずですが、神社の規模で逆転しているのでしょう。

この神社で印象的だったのは世継稲荷でした。お稲荷さんも眷属もたいへん温和で、ものすごく大らかな性質だったのです。こういう事情があって、それを受け入れたお稲荷さんですから、度量が大きくて当然なのですね。

築土神社が江戸時代に筑土八幡神社の隣にあったので、この〝場所〟が北斗七星のひとつになっているわけです。

さて、その筑土八幡神社ですが、前述したように将門さんとは関係がありません。

実際に神社の境内に立っても、将門さん関係の「気」はまったく感じられないのです。

拝殿でご挨拶をしても、神様は最初お姿を見せてくれませんでした。少し会話をしていたら出てきてくれたのですが……、

「本には書いてほしくない」

といいます。その理由もお聞きしました。

「私の本の読者さんは心根の美しい人が多いので大丈夫です」

本当にこれは事実なので、そのようにいうと、

「そうか？」

と微笑んではいましたが、最後まで「書いてよし」という許可はもらえませんでした。

ここの神様は独特の優しさを持った、ほっこりとした性質です。キリキリしていませんから緊張しなくてもいいし、威厳のある厳しい感じではなく、いつでも親身になってサポートをしてくれる……そのような神様です。

将門さんとは関係ないそうですが、北斗七星新プロジェクトには参加する、とにこやかにオーケーをくれました。

神田明神の次がこの神社なので、将門さんのスパーンとした男らしい雰囲気とは明

らかに違う、ほのぼの系ということが実感しやすいのではないかと思います。そういう部分も楽しみながら7ヶ所をまわると、霊能力アップの練習にもなります。

※この2年後に、神様のお姿について書いてもよいという許可をもらったので、『ごほうび参拝』という本に詳しく記述しています。

水稲荷神社　～新宿区西早稲田～

天慶4（941）年、藤原秀郷が「富塚」（現在の早稲田大学9号館のそばです）の上に稲荷大神を勧請《かんじょう》し、最初は「富塚稲荷」「将軍稲荷」と呼ばれていたのが始まりだそうです。現在の場所に移転したのが昭和38（1963）年ですが、旧社地と3～400メートルしか離れていません。

このお稲荷さんが将門さんとどのような関係があるのかといいますと、将門さんを討った藤原秀郷が勧請したお稲荷さんだと伝わっているため、そこから平将門を調伏《ちょうぶく》した神社だと考えられているようです。

この神社はちょっとわかりにくかったです。グーグルマップがうまく案内をしてくれなくて、ぐる〜〜〜っと周囲を大きく一周まわりました。これから行かれる方は「堀部安兵衛《ほりべやすべえ》の碑」を目指して行かれたほうがいいです。ここから入っていきます。

鳥居をくぐって左にいくと拝殿がありますが、この拝殿が目に入ると同時に多くのお稲荷さんが見えました。「うわぁ！　めちゃめちゃおるやん」という数です。神社の後方に山があるお稲荷さんだったら話はわかりますが、街のど真ん中の、それも広いとはいえない境内です。お稲荷さんの数と空間が合っていないという印象でした。

メインのお稲荷さんが1柱いますが、そのお稲荷さんとは別に独立した形のお稲荷さんが多いのです。深く考えずに、写真を撮りつつ裏側に行ったら、そこにお塚信仰のお社《やしろ》や祠がたくさんありました。ここに大勢のお稲荷さんがいるのです。眷属としているのではなく独立しているのは、メインの神様とは別に信仰をしてもらいたいからです。

お塚信仰のところに鳥居が2つありましたが、2つ目をくぐるのはやめておきました。信仰をしてほしいという気持ちが強いお稲荷さんが多かったからです。コンスタントに参拝には来られないし、中にはぴったりとくっついてきそうなお稲荷さんもいました。お世話が大変そうだったので、深入りはしないでおこうと思いました。お塚信仰をするつもりがないという方は、裏側には行かないほうがいいです。

ご祭神のお稲荷さんに、まずここに来た理由をお話ししました。お稲荷さんはふむふむと聞いていましたが、

「この神社で将門さんを調伏したという噂があるのですが……？」

という質問に眉をひそめていました。

「そのようなことは頼まれていない」

そう言って、さらにひとことつけ加えました。

「稲荷だぞ？」

「ですよね！　私もそこが引っかかっていました！」

強敵を倒すという願掛けは、特別に大きな神社かお寺でする、お不動さんや毘沙門天《びしゃもんてん》さん、もしくは軍神である八幡系の神様にするのが普通です。朝廷は成田山新勝寺《しんしょうじ》をはじめ、宇佐神宮、東大寺《とうだいじ》、醍醐寺《だいごじ》、住吉大社《すみよし》、栃木の足利鶏足寺《あしかがけいそくじ》に将門さんの調伏を命じているのです。

なので、え？　お稲荷さんで調伏をする？　と、ものすごい違和感がありました。神様が否定したので、「ああ、やっぱり」と、もやもや感が消えました。

そこで新プロジェクトとして、平将門北斗七星を参拝する人には大きめのごりやくを与えて下さいませんか？　というと、快くオーケーをくれました。

「将門とはつながりはないが……」

と、笑いながらです。まったくつき合いはなく、つながりも本当にないそうです。

「これからつながっていかれるのかもしれませんね。どうかよろしくお願いします」

神様はうなずいていました。古いからでしょうか、優しいお稲荷さんです。平将門北斗七星に入っていることは知っていたそうです。これからプロジェクトに参加する者には余分にごりやくを授けるとのことです。お稲荷さんですから、金運関係のごりやくだと思われます。

鎧神社　～新宿区北新宿～

まずは、神社の公式ホームページからの引用です。

【醍醐天皇の時代（898～929）、理源《りげん》大師の徒弟である筑波の貞崇僧都《じょうすうそうず》、行基《ぎょうき》作と伝えられる薬師如来《やくしにょらい》像がこの地に祀られ、円照寺《えんしょうじ》が創建されました。当時は神仏習合《しゅうごう》といって、神社とお寺が密接につながっていた時代でした。その際、寺の鬼門鎮護のため当社が創建されたと伝えられています。

また創建以前から、この地は一つの伝説が伝えられていました。それによると、武の神様として名高い日本武命《やまとたけるのみこと》が天皇の命によって東国の平定に向かったとき、当地に甲冑《かっちゅう》六具を蔵めた（しまいかくした）というのです。

鎧にまつわる話はこれだけではありません。天慶三年（９４０）、関東に威をとなえていた平将門公が藤原秀郷によって討たれると、この地の人々はその死を悼み、天暦《てんりゃく》元年（９４７）、将門公の鎧もまた当地に埋めたと言われています。】（ルビ編集部）

北斗七星の最後の神社です。実際に行ってみると、そんなに大きな神社ではあ

りませんでした。氏神様です。でも、パッと見たら「ああ、鎧の神社だなぁ」とわかる社殿です。

鎮座している神様はこの地域一帯を守っていて、もとは人間です。大昔の武士といいますか、戦う人だったようです。初期の武士よりももっと時代が古いです。

由緒によると、将門さんの鎧が埋められたとなっているので、そこをお聞きしました。

「将門さんの鎧が……」

「ここに埋められているか、であろう？　それはない」

食い気味でそういいます。平将門北斗七星の神様方が食い気味で否定をするのは、北斗七星として参拝する人が目をキラキラさせて質問をするからではないか、と思いました。「違うんだが……」といっても声が届かないようで、ちょっと困っているみたいです。

新プロジェクトではここに来るまでに6社からそれぞれごりやくをもらっています。そのごりやくは神社によって違いがあり、同じ神社でもその時によって違い、また、参拝する人によっての違いもあるそうです。

つまり、誰が行っても同じ、いつ行っても同じではないのです。ですから、どのようなごりやくがもらえるのかは「お楽しみ♪」という部分があります。スタンプラリーを達成してからプレゼントされるごほうびのようなものです。さらに日によってごりやくが違うので、何回でもチャレンジできます。

鎧神社は平将門北斗七星の結びです。ここの神様は最後の仕上げをしてくれます。

「バラバラでもらっている6つのごりやくに、この神社の最後のひとつを加え、それを大きくまとめて下さるのですか？」

このようにお聞きしたところ、そうではなく、鎧の神様ですから最後に鎧をつけるそうです。ここに来るまでにもらった6つのごりやくに最後のひとつを加え、バラバラに身についているその7つを鎧でカッチリ守るようにするそうです。

鎧ですから人の念などの外からの攻撃に強く、もらったごりやくが鎧の中で育つ……そのようなイメージです。北斗七星の結びが鎧の神様だというのは、たまたまですが、重要なポイントでした。

将門さんが大きなパワーと強いエネルギーを与えておく、といった理由がわかりました。神田明神クラスの神社が他にないからです。なので、一番強い将門さんはパワーとエネルギーを与えることにしたのだと思います。

だからといって、神田明神で北斗七星めぐりをやめた場合、それまでのごりやくも将門さんがくれた大きなパワーと強いエネルギーも身につきません。平将門北斗七星めぐりの特典として与えてもらえるものだからです。

7ヶ所の真ん中で大きなパワーとエネルギーがどーんと与えられ、あとは5社でそれぞれのごりやくをもらいます。7つがすべて集まると、もらったごりやくがふわっと花開く……みたいな感じです。

スタンプラリーを完成した人のみがもらえるごりやくですから、途中でリタイアすると、残念ですがゼロになります。どの神様も7つ集まったら、という条件つきのごりやくだからです。

面白そう！　と思った方はチャレンジなさってはいかがでしょうか。公共交通機関と徒歩でまわって、さらに神田明神のカフェで休憩をして、鳥越神社参拝から鎧神社参拝終了まで、私は5時間かかりました。自宅から鳥越神社までの時間はそれぞれでしょうが、1日で十分まわれます。

まわる順番は鳥越神社からです。ひしゃくの柄の部分からまわるのは違うそうです。水をいれる容器のほうからまわるのが順番として正しいそうです。

さらに、北斗七星としての形を浮き上がらせるためには、バラバラに参拝したのでは形になりませんから、一筆書きでまわります。ここで重要なことは「寄り道をしない」ということです。別の神社仏閣に寄り道をして一筆書きを崩してしまうと、北斗七星にはならないからです。

たとえば、首塚から神田明神に行くまでの間に、別の神社かお寺に寄ってしまうと、その地点が加わった別の形になります。レストランとか、カフェとか、神社仏閣ではないところは問題ありません。ですから、7つをまわる途中でホテルに泊まってもそこは問題ないのです。星となる7つの場所のみを一筆書きで順番にまわります。

津軽北斗七星

現代も息づいている古代魔術の軌跡

339
つがる市
五所川原駅
五所川原市
101
鶴田町
101
浪岡IC
鰺ヶ沢町
浪岡八幡宮
板柳町
339
7
岩木山
藤崎町
黒
弘前市
田舎館村
岩木山神社
熊野奥照神社
弘前城
猿賀神社
弘前駅
平川市
鹿嶋神社
乳井神社
大鰐弘前IC
西目屋村

津軽北斗七星とは

まずは坂上田村麻呂という人物を、デジタル大辞泉より引用して紹介します。
【［758～811］平安初期の武将。延暦《えんりゃく》13年（794）蝦夷（えぞ）を征討し、同16年征夷大将軍《せいいたいしょうぐん》となった。その後、胆沢城（いさわじょう）を造営し、蝦夷地平定に功を残した。京都の清水寺《きよみずでら》の創建者と伝えられる。】（ルビ編集部）

呼び捨てはどうかと思うので田村麻呂さんと書きます。この人物は2回征夷大将軍になっています。経歴を見ると順調に出世をし、最後は従二位《じゅにい》を贈られています。

津軽が京都の鬼門にあたるため、東北に強いこの田村麻呂さんが鬼門封じをしたという伝承があります。「新撰陸奥国誌《しんせんむっこくし》」（1876年編纂《へんさん》）によれば、北斗七星の形に7つの神社を津軽平野に配列したというのです。

7つの神社は、乳井《にゅうい》神社、鹿嶋《かしま》神社、岩木山《いわきやま》神社、熊野奥照《おくてる》神社、猿賀《さるか》神社、浪岡《なみおか》八幡宮、大星《おおぼし》神社で、すべて現在まで残っています。田村麻呂さんは神社の敷地にまず宝剣を埋め、それからその上にお社を建てて、毘沙門天像を安置したそうです。

ここまでだったら「へえ～」で終わりなのですが、私が興味を引かれたのは、後づけではないかもしれない物証（といえるかどうかわかりませんが）があることです。

熊野奥照神社の敷地から「蕨手刀《わらびてとう》」という剣が出土しているのです。
【奈良時代の刀の一種で柄《え》の形が早蕨《さわらび》状・蕨手文《わらびてもん》をしているのでこの名があり、弥生土器・銅鐸《どうたく》・装飾古墳など、わが国の古代に愛用された文様である。】（ルビ編集部）

このような説明が、熊野奥照神社の境内にありました。

田村麻呂さんは東北から凱旋《がいせん》後、京都の鞍馬寺《くらまでら》に「七社図」を奉納したという話も伝わっているのですが、残念ながらこの絵図は戦時中に焼失したらしいです。北斗七星の形に神社を描いた絵だったということです。

北斗七星の形で結界を作り鬼神を封じたという説、田村麻呂さんが討った蝦夷の怨霊《おんりょう》を北斗七星で封じ込めたという説もあって、本当に北斗七星として神社が建てられたのか、もしそうだとしたら、その目的はなんなのかを知りたいと思いました。

積極的にこちらの取材をしてみようと思ったのは、将門さんの北斗七星取材がとても楽しかったからです。お楽しみごりやくがいただける新プロジェクトが誕生したことで、読者の皆様によい方向で紹介ができる……という喜びも大きく影響していました。北斗七星取材がひとつだけというのも物足りないので、もうひとつ追加をしたいという気持ちもありました。

津軽北斗七星が、もしも京都の鬼門封じで作られていたとしても、同じく都の鬼門封じとされている比叡山《ひえいざん》は素晴らしいところですし、行くとたくさんの恩恵がもらえます。ですから、この北斗七星も何かよい効果があるかも？　という期待でワクワクしました。

夜の8時に青森に到着する飛行機で行き、翌日1日かけて北斗七星をまわり、その日の夜には帰宅するというハードなスケジュールで出発しました。

乳井神社　～青森県弘前市～

地域の氏神様です。太めに結《ゆ》ってある中心部に米俵3俵と水桶が載せられている、立派なしめ縄がお出迎えをしてくれました。

入口の狛犬《こまいぬ》の「あ」が、実家のチワワが喜んで尻尾をフリフリする姿にそっくりで可愛らしく、「うん」も耳が長く見えてチャーミングです。拝殿前の狛犬はどちらももののすごい喜びの表情に作られており、さらに可愛いです。特に「うん」はキュートすぎるぅ～、と叫んでしまうくらいの愛らしい顔をしています。

拝殿のしめ縄は米俵と水桶が載っていて縁起がいいです。

地域色の濃い氏神様なので、よそから来る参拝者はいないのでは？　という神社でした。祝詞《のりと》を唱えても、お声をおかけしても、神様は出てこられません。脇にある坂道を登って、本殿の近くまで行ってみましたが、答えが返ってこないのです。

神様がいないわけではありません。拝殿前の狛犬には眷属が入っています。どういうことなのだろう？　と考えましたが、わかりませんでした。

ただ、「………」という、なんともいえない感じは伝わってきます。いいたいことがあるようですが、「いわないでおこう」みたいな、「口出しは控えよう」という神様の意思がひしひしと伝わってくるのです。

神様が何もいってくれなければこれ以上は何をどうしてもわからないので、ここで失礼しました。

鹿嶋神社　～青森県中津軽郡～

鳥居の手前に由緒が書かれた石碑がありました。

【坂上田村麿《たむらまろ》将軍を祀っている鹿嶋神社拝殿に安置されている仏像は、将軍が地方征服した際、桂《かつら》の木《き》を伐りとり彫刻したものであると伝えられている。平成18年には村

市地区の村民によって同社建立1200年祭が盛大に行われた。】（ルビ編集部）

この神社も太いしめ縄が張られていて、中心部には小さな御幣《ごへい》が飾られていますが……狭い境内です。小さな神社なのです。昔だったら、けっこう深い山の中というロケーションですし、「なぜ、ここが北斗七星のひとつになっているのだろう？」という疑問が湧きました。

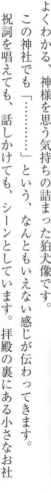

狛犬は手作り風で、台座に刻まれている人物名は古いタイプばかりです。昔の村の人々が一生懸命に作ったことがよくわかる、神様を思う気持ちの詰まった狛犬像です。

この神社でも「………」という、なんともいえない感じが伝わってきます。

祝詞を唱えても、話しかけても、シーンとしています。拝殿の裏にある小さなお社が見えるところに行って、改めてご挨拶もしましたが、「神様はいないのでは？」というくらい反応がありませんでした。

しかし、「………」という感じはありありと境内にあるのです。なんだろう？と考えてもわかりません。次に行く神社が「岩木山神社」なので、そこで神様に教えてもらおうと思い、この神社をあとにしました。
ちなみに剣が埋まっているという感じが、ここにはたしかにありました。

岩木山神社　～青森県弘前市～

この神社を参拝するのは2回目です。前回は「山岳系の神様」というテーマで、岩木山とともに取材をしました。行ったのが冬だったので、参道の両脇には雪が高く積もっており、除雪されている中央をまっすぐ歩くしかないという状態でした。参拝をして、授与所に寄って、境内社をひとつ見て、そのまま帰ることしかできなかったのです。

雪の季節ではない時期に行くと、参道脇の緑の美しさが素晴らしかったです。青々とした草に覆われていて、印象がまるで違います。なんて気持ちのいい参道なんだろう、山岳系神様の神社だな～、としみじみ思う境内でした。

「禊所《みそぎしょ》」と書かれたところには龍の顔に作られた給水口が3つあって、そこから豊富な量の湧き水が出ていました。生きた水なので清めるパワーが大きいです。飲んでみたら味も美味しくて、浄化もしてもらえるありがたい水でした。

しめ縄も前回に見た時と同じで、米俵と御幣が載っていて豪華です。縁起もいいです。

前回は雪のせいで、どこにあるのかわからなかった登山口も今回の参拝で見つけました。山頂まで4時間15分という親切な標識があったおかげで、軽い気持ちで「登ってみようかな」と思うことなく、少し歩いただけで引き返しました。

この神社は多くの人が願掛けに来るので、岩木山にいる山岳系神様の眷属がたくさんいます。眷属たちは一生懸命にせっせとお仕事をしています。神様をここにお呼びするのは申し訳ないと思ったので（本殿が黒いのです）、登山口から少し山を登りました。奥宮《おくみや》に続く山道ですから正式な参道です。

まず、剣のことをお聞きしました。熊野奥照神社だけでなく、ここにも剣が埋められているそうです。そしてその剣は田村麻呂さんが埋めたのではなく、田村麻呂さんの腹心の家来が埋めた、といいます。

ものすごく古い伝承なのに、事実だったことが意外でした。

それで？　それで？　と、はやる気持ちを抑え、神様に続きを聞くと、腹心の家来はひとりで北斗七星〝呪術〟を決行したそうです。蝦夷封じだからです。情報がもれないように単独で行動をしています。測定も大がかりにすると住民にバレてしまうため、本人の足で7つのポイントとする場所の距離を測ったといいます。

蝦夷の人々が決起しないように、反乱を起こさないように、リーダーとなる人物が出てこないように、戦う気持ちを持たないように、そして、蝦夷を出て都に向かってこないように……という封じ込めの呪術だそうです。

一種の呪いですから、大っぴらに北斗七星を作ることはできません。田村麻呂さん本人が動きまわることもNGです。それで腹心の家来がこっそりと足で距離を測り、北斗七星の形に剣を埋めて、小さな祠を建て、呪いをかけたのです。

7ヶ所に建てたのは神社の社殿ではなく小さな祠だったそうです。足で測っていますから、北斗七星の形は正確ではなくいびつです。でも、神様によれば、ピッタリ正確な形にしなければいけないということはなく、呪術としてはそれらしい形で十分だそうです。

田村麻呂さんが苦労をして討征した蝦夷ですから、ふたたび立ち上がることのないようにしたいという気持ちはわかります。

「でも、どうして北斗七星の形なのでしょう?」

神様によると、宗教には流行《はや》りがあるそうで、その当時、北極星や北斗七星を信仰することが流行っていたといいます。動かない星である北極星はイコール帝《みかど》です。その帝の周囲をまわっているのが北斗七星です。まわっているのは散歩をしているのではなく、警護しているわけで、北極星を守っている星座なのです。

ちょっと話がややこしいのですが、古代中国では七星剣《しちせいけん》という剣が作られていました。道教の思想に基づいて、北斗七星を刻《きざ》んだ剣です。この七星剣には国家鎮護、破《は》邪《じゃ》、敵を倒す、という魔力が宿るとされていました。

古くは「呉越春秋《ごえつしゅんじゅう》」に記述があるそうで、日本でも聖徳太子《しょうとくたいし》が所持していたといわれる七星剣があり、正倉院《しょうそういん》には奈良時代のものがあるそうです。七星剣はかなり古い時代に日本に入ってきたみたいです。

国家鎮護の魔力を持つ剣……それには北斗七星が刻まれているわけです。この魔力を剣に出現させるのではなく、東北という土地に出現させ、結界として蝦夷を封じ込めることはできないか……と田村麻呂さんと重臣たちは考えたそうです。力を持った僧侶に相談もしています。

その結果、大地に北斗七星を刻むことにしたのです。大地そのものを七星剣にするわけです。くっきりと大地に刻む道具として、さらに七星剣にあやかって、剣を埋めています。

魔力を帯びた七星剣は「持つ」ことで敵に勝てる、という剣です。敵を封じ込める、というパワーがあっても、剣である以上、持っている本人の周囲だけにしか影響がおよびません。つまり、七星剣を作っても、その効果を広大な範囲に住んでいる蝦夷の人々全員に作用させることはできないのです。

蝦夷の人々が決起しないように、都に向かって攻めてこないようにするには、その土地に呪術をかけておく必要があります。大地を七星剣にすれば国家鎮護のパワーを大地に持たせることができます。

剣をただ埋めただけではなんの効果もありません。埋める場所を北斗七星の形にするから効果があるのです。北斗七星の「星」として「剣」を埋めることは、大地を切って印をつける以外にもうひとつ意味があります。

剣は神様に奉納するものの中では最上のものです。古代から戦勝祈願や、国家安泰祈願などでも神様に剣を奉納してきました。神社に奉納するのが普通ですが、神様がいて神社がないところでは地中に埋めていたのです。

7つの「星」を剣にして大地に埋める、これは東北の神様に剣を奉納するという意味もありました。そして、埋めた場所を北斗七星として浮き上がらせるために上に祠を作り、毘沙門天を祀っています。

祠を建てた理由はもうひとつあります。この重要な意味を持つ「星」が田畑となって耕されないように、地面が掘り返されたりしないように、仏様を安置しているのです。仏像が置かれている祠を壊す人はいないでしょうから、祠を建てておけば安心というわけです。

面白いですね。しかも、この北斗七星は本当に魔力を発揮したそうです。おまじないなどではなく、本格的な呪術だったからです。

津軽北斗七星のことが理解できた私は次のような質問をしてみました。

「では、魔力を発揮したこの北斗七星を形通りにまわったら、何かいいことがあるのでしょうか？　パワーがもらえますか？」

「…………」

神様はそれまでに参拝した2つの神社の神様と同じような反応をします。

あら？　と思っていると、岩木山の神様が私の頭上にいるお稲荷さんをじ～っと見つめていました。お稲荷さんも神様をじ～っと見ており、神様同士が見つめ合うだけということは考えられないので、私にはわからない会話を交わしていたと思われます。

このお稲荷さんは私の家に時々やってくるお稲荷さんです。事情があって鎮座していた社殿がなくなりましたが、今もその場所に眷属と一緒におられます（山の中です）。たまたま私がそこに行って、存在を知りました。

神格が高く、山の強いお稲荷さんなのですが、社殿がないため参拝者が来ません。それで時々、私の家を見まわりにきてくれます。私が取材に行く時は必ず同行して守ってくれますし、海外にもつき合ってくれたこともあります。お稲荷さんによるとそれが修行になるそうです。

お稲荷さん自身が私とともに行動をして、修行をすることを楽しんでいるので、「今は（新しい）社殿はいらない」といっています。でも、私にずっとついているのではありません。小さな神社でもご祭神だったお稲荷さんですから、眷属もたくさんいます。それなりに何か活動をしているようで、私のところに来るのは本当に「たまに」です。

岩木山の神様はお稲荷さんと見つめ合ったあと、私に向かってニコッと笑い、それで微妙な空気をさっぱりと消し去って、

「自分で体験してみなさい」

といい、さらに、

「体験して書きなさい」

というアドバイスもしてくれました。こういう時、神様はああなるこうなるとベラベラしゃべったりしません。人間にとって、自分で気づく、ということはものすごく大切なのです。ですから、神様もそこを尊重して、余計なことはいわないというわけです。

境内社に行ってみると、冬期にはなかった「白雲《しらくも》大龍神」というのぼり旗がいっぱい立っていました。雪に埋もれていた時は旗がなく、お社が池の中に建っていたので弁天さんかと思いましたが、龍神だったのです。

ここの狛犬にアドバイスをもらったのでそのお札をいって、お社にご挨拶をすると……白いヘビの神様が出てきました。小さなヘビではありません。けっこう大きいです。白ヘビというより、白蛇《はくじゃ》！　という感じです。

山岳系神様の眷属の白ヘビですから、早池峰《はやちね》神社の白蛇と同じです。丁寧にお参りをすれば大きなごりやくを授けてくれる神様です。

熊野奥照神社　～青森県弘前市～

ごくごく普通の氏神様、という神社です。

ここの神様は、北斗七星の7ヶ所にはすべて剣が埋まっているということを教えてくれました。しかし、その先の詳しいことは何もいってくれません。

「7ヶ所をまわるといいことがあるのでしょうか？」

答えは返ってきませんでした。黙っておられるのです。

しばらくして、

「7ヶ所をまわることに……意味はないぞ」

といわれ、津軽の北斗七星は呪術として作られている、

そしてその効果はあった、という事実もつけ加えていました。

封じ込めの「呪術」を地面に描いているのだから〝いいこと〟ではないそうです。浄化とかそんなものでもないといっていました。

そして、たとえば何かを封じ込めたいという願望があった場合、津軽北斗七星をまわればいいのかというと、それも違うそうです。そういう時はもともと描いているところをなぞるのではなくて、自分で新たに7ヶ所を作らないと呪術は作用しないらしいです。

この神様は津軽北斗七星がよいものではない、ということ強調していました。

猿賀神社　～青森県平川市～

この神社は猿賀公園という大きな公園の一部となっています。

鳥居をくぐると、広い境内にはなんともいえない荘厳で威厳のある「気」が、静かに低く漂っているのが感じられました。境内に一歩入ったところで世界が違うことが実感できる神社です。鳥居の外と中では空間がまるで違っていて、それが顕著に現れていました。

神様は底のない強さといいますか、なんともいえない異次元のパワーを持っています。残念なことにお姿は見せてくれませんでした。

この神社が津軽北斗七星のひとつであることはもちろんご存じでしたし、ここにも剣は埋まっているそうです。

そしてこの神様も、津軽北斗七星は魔術だといいます。北斗七星の形に剣を埋めたことで、封じ込める、従わせる、抑えるなどの武力方面で効果を得ることができたそうです。

「では、現代でもそれをやれば、その地域一帯の人々を従わせることができるのですか？」

という質問には、できるが……北斗七星を作ることはものすごいリスクがある……みたいなことをいっていました。

密教にうとい素人はしないほうがいいそうです。下手をしたら命を落とす、というくらい難しい術らしいのです。手順どおり、作法どおりにすれば問題ないそうですが、いろいろとある決まりを守れない人には無理だということです。

北斗七星の形はラッキーになる、開運する、という、そのようなよい方向ではないこともいっていました。抑える、封じ込める、従わせる、反乱をさせないという、戦い系の呪術なのです。

津軽北斗七星について徐々にわかってきましたが、どうやらよいものではなさそうで……まわっても大丈夫なのだろうか、という不安が頭をもたげ、気持ちがちょっと揺れました。

猿賀神社の境内の横には大きな蓮池があります。規模の大きい蓮池を見るのは初めてだったので、興奮して写真を撮りまくりました（笑）。ちょうど咲き始めの季節でピンクのつぼみがたくさんついており、とても美しかったです。

浪岡八幡宮　～青森県青森市～

こちらも氏神様という感じの神社です。

この神社では古い毘沙門天の姿が一瞬見えましたが、現在おられるのは神様です。

合祀されたといっていましたから、あとから勧請されています。

神様によると、この場所に古代、小さな祠が建てられて、信心深い地元の人々はその祠を聖なる場所として大切に守ったそうです。祠は北斗七星のひとつとして建てられたものですが、地元の人はいきさつを知りませんから、仏様として信仰していたわけです。

やがて祠があまりにも小さいし古くなったので、「大きくしよう！」と合祀が決められたそうです。その時に勧請をされた神様が鎮座しています。

岩木山神社があの場所にできたのも同じ理由だそうです。古代から小さな祠があって、これももちろん北斗七星のひとつだったのですが、近隣の人々は祠の由来を知りませんから、そこをありがたい聖なる場所として信仰していました。

岩木山山頂にある奥宮、その里宮だった巌鬼山《がんきさん》神社を移転するにあたって、選ばれたのがあの場所なのです。人々の純真な信仰心が規模を大きくしたといっても過言ではないみたいです。

いろんなことがつながってきました。田村麻呂さんの腹心が作った津軽北斗七星は、意外な方向に広がった部分もあるようです。

大星神社　～青森県青森市～

津軽北斗七星の柄の先端となっている、結びの神社です。平将門北斗七星のところで書きましたが、まわる順番は水をためる容器の端が1番めです。それが正式な一筆書きなのだそうです。

この神社はしめ縄に特徴がありました。東北の豪華なしめ縄（太めに結ったしめ縄の真ん中の上に米俵が3つほど載っているもの）にプラスして、のれんのように細い縄がたくさん下がっているのです。初めて見るしめ縄で、くぐってもいいのだろうか……と悩みました。

この神社もそんなに大きくなく、氏神様でした。

ここの神様も勧請をされて来られたそうです。最初に小さな祠が建てられて、それは北斗七星の魔術用なのだけれど、地元の人はなんの疑いもなく毘沙門天を大切に守り……時代が変わって、規模を大きくしようということで勧請をして神様が合祀されています。

私はやっとここで、田村麻呂さんの腹心が北斗七星の形に魔術をかけた、それはよい方向ではない、ということが実感をともなって強烈に意識の中に入ってきました。7ヶ所すべてをまわり終えたからだと思います。

呪術の軌跡をたどるのは……もしかしたら、してはいけないことだったのでは？　ということも思いました。そこを神様に確認しようとしたら、

「みくじを引くか？」

と、明るくいわれたので、引くことにしました。

「大吉を渡そう」

「嬉しいです！　ありがとうございます」

見たら本当に大吉で、あ、そういえば猿賀神社でもおみくじを引いてたっけ、とポケットにしまったまま忘れていたおみくじを取り出していると、神様が、

「それも大吉だ」

といいます。私は大吉をめったに引かないので、まさか〜、と思いつつ開いたら、こちらも本当に大吉でした。

神様は津軽を正しく伝えてほしい、みたいなことをいいます。この時は意味がわかりませんでした。私はどの取材でも、すべてを正直にそのまま伝えています。正しく伝えることが当たり前なので、どうしてわざわざいうのだろう？　と不思議でした。

津軽北斗七星の7ヶ所の神様は将門さんの北斗七星と違って、神様同士で連絡を取ったりしているそうです。ですから、無関係ではなく、顔見知りの7社です。

ここの神様も多くを語ってくれずで取材は終了しました。将門さんの北斗七星のような達成感はなく、とりあえず終わった、みたいな感じでした。特別なパワーを得たわけでも、ごりやくがあったわけでもありません。新プロジェクトもないです。そもそも最初の2つの神社は神様が出てきてくれませんでしたから、そのようなお話ができなかったのです。

ただ、まわったという報告にしかならないので、本には書けないな〜、と思いつ

つ、神様にお礼をいって駐車場に戻りました。

突然襲ってきた謎の痛み

飛行機の出発時間までかなりの時間があったため、どこでどう時間をつぶすか悩みました。空港で食事をするにしても、2時間前に行けば十分です。遅い時間の飛行機ですから、空港に行くまでに2時間半ほどの空き時間がありました。

近隣のマップを見るとすぐ近くにショッピングモールがあったので、とりあえずそこに行くことにしました。ブラブラとウインドウショッピングをして、いいお土産があれば買って、美味しいコーヒーでも飲もうかな、と思ったのです。

車を発進させて神社を出て、少し走ったところで、足に痛みを覚えました。痛みといってもズキズキと痛むわけではなく、かすかな痛みでたいしたことはありません。「?」と思いながらもショッピングモールに入って、お店をあちこち見ました。

休憩のために入ったカフェでコーヒーを飲み、そろそろ駐車場に戻ろうかなと立ち上がったら、痛みが増しています。あれ？　痛いわ〜、なんで？　と思いながら車に乗りました。ここではまだ、きっと歩き疲れたからだろう程度にしか考えていませんでした。

痛む場所は左の足の付け根です。内側だったら股関節ですが、そこではなくて、外側の付け根が痛むのです。

なんだかヤバい気がする、と思いながら運転をして、空港に向かいました。市内から空港まで全然遠くないのに、ナビが変な道を案内するため、けっこうぐるぐると林というか、森というか、その中を走りました。

あら？　またここ？　というふうに、ぐるぐると巡回したのです。理由はわかりませんが、空港に行かせない力が働いているように思いました。

レンタカーを返却し、空港のターミナルビルのレストランに入って食事をしました。この時はまだ痛いけれど普通に歩ける、という状態でした。しかし、レストランから出る頃には、左足をかばわないと歩けないというくらいになっており、足を引きずって保安検査場を通過し、ゲート前の椅子に座りました。

痛みは徐々にひどくなっていきます。痛みの原因として思い当たることは何もありません。津軽北斗七星をまわった以外は……です。うわぁ、ヤバいな、これって本格的にまずいのではないだろうか……と、暗澹《あんたん》たる気持ちで搭乗時間を待ちました。

なんとしてでも東京まで帰らなければなりません。飛行機に乗る頃には大きく足をかばって、大きく引きずらないと歩けないほどの痛みになっており、周囲の人が気を使って道をあけてくれました。歩行がものすごく困難になっていたのです。

飛行機に乗っている間も容赦なく痛みは襲ってきます。羽田に着いて、飛行機から降りる時は地獄のような激痛でした。動かせない足を大きく引きずり、体を激しく左右に揺らさなければ歩けないという状態でした。

痛むのは左足だけですが、まったく力を入れられません。死ぬほど痛いからです。歩く時は右、左、と交互に足を出しますが、出した足とは逆の足に体重がかかります。両足同じように体重をかけられれば普通に歩けるのですが、左足が激痛状態なので、右足に体重をかけて一歩歩き、左足はちょん、と着いた瞬間に脳天にまで痛みが走るので、すぐにまた右足に体重を乗せます。

そうするとバランスが取れないため、体が大きく傾くのです。上半身を左右にものすごく振りながら……とにかく歩きました。帰宅しなければ！　という一心でした。到着口を出て、タクシーで帰るかどうかずいぶん迷いましたが、深夜料金ですし、1万円では到底足りないだろう……ということで断念しました（泣）。

ううう、と声が漏れるくらいの激痛と戦いながら帰宅をしたら、もう一歩も歩けないという状態になりました。トイレに行くのもつらかったです。

寝るのも痛い部分を下にできず、かといって上にして横になっても我慢ができない痛みが襲うのです。仰向《あおむ》けが一番マシということで寝たのですが、その夜は痛みで何回も目が覚めました。

神様のありがたさを実感する

翌日も朝から激痛でうんうん唸《うな》り、患部を触ってみたら飛び上がるほどの痛みが走ります。熱を持っていて、腫れているのです。炎症を起こしているみたいでしたが、病院に行こうにも痛いから歩くのが無理ですし、「うー」と頭をかきむしっていたら、

「おい」

と聞こえます。

ん？　と顔を上げると、冷蔵庫の上に置いている狐《きつね》像にお稲荷さんが来ていました。

「湿布をここに2枚、置け」

え？　湿布？　そんなものがうちにあった？　と思ったら、

「テレビ台の中」

といいます。あ、そうそう！　肩こりに効くかも？　と、だいぶ前に買った記憶が

あります。完全に忘れていました。湿布を箱から出していわれた通りに2枚を狐像の前に置きました。大判の湿布なので2枚もいるのかな〜と思いつつ、手を合わせました。

「これを貼ればよい」

そういうとお稲荷さんはしゅ〜っと帰っていきました。

湿布はたしかに2枚必要でした。足の付け根だけでなく、前面のほうにもお尻のほうへも痛む範囲が広がっていたのです。

左足に体重を乗せられない、ほんのちょっとでも乗せると耐えられない激痛が走る、その症状は前日からさらにひどくなっています。もしかしたら、このまま治らないかもしれない……後遺症が残る可能性もある……と冷静に思いました。

足が動かなければ、行きたいところに行けず、もちろん山にも登れません。激痛の最中の、この絶望感はなんともいえないものでした。自分の体がどれほど大事か……ということを思い知りました。人間は失ってからようやく気づく、とよくいわれますが、本当ですね。手術が必要かもしれない、という覚悟もしました。

湿布を貼って安静にしていると、あれだけ痛かったのに、痛みが引いていきます。

サクサク引いていくという、信じられないスピードで、です。朝湿布を貼って、夕方あたりには痛みがかなり消失し、左足に少しなら体重をかけられるようになりました。大きく体を左右に振らなくても歩けるようになり……なんと、夜にはちょっと足を引きずる程度くらいにまで回復したのです！

あれだけ腫れて、あれだけ痛んでいたのに……奇跡だ！　と思いました。その日の夜は痛みで起きることなくぐっすり眠れましたし、おかげで気持ちを明るく取り戻すことができました。

翌朝もお稲荷さんは来てくれて、もう一度2枚の湿布にパワーを込めてくれました。それを貼ると嘘《うそ》のように痛みはさっぱりとなくなって、その日の午前中に完治しました。もと通りに、普通に歩けるようになったのです。

もしもお稲荷さんが来てくれなかったら……このお稲荷さんにご縁をもらっていなかったら……私はまだまだ苦しんでいたと思います。神仏の助けがなかったら消えない〝呪い〟だったからです。この時に、しみじみと「神棚は持つべきだ」と思いました。

呪術の実力

津軽北斗七星は田村麻呂さんの腹心が、自分の足で測って大地に刻んだ呪術です。しかも、その呪術はおまじないという軽～いものではなく、本格的な魔術でした。津軽北斗七星を正しい順番で一筆書きにまわると、その呪術が〝今も〟降りかかってくるのです。

後日、お稲荷さんに確認したところ、私の足が痛んで歩けないようになったのは、東北から出られないように、都の方向（当時の都は京都ですが、方向としては東京も同じです）に行かないように、という呪いの作用だったそうです。

すごいですね、「京都を攻めよう！」という人が現れても、東北を出られないようにしていたのです。現代は飛行機がありますから、激痛で動けなくなる前に帰宅できましたが、平安初期だったら、東北を出る前に痛みで動けなくなっています。

東北にお住まいの方に現在、この呪術がかかっていないのは、各神社の神様の尽力のおかげです。一社でも、呪術として働かないように作用を封じ込めれば、東北に居住している人への呪術は効力を失います。それを7社ともがしているのです。

北斗七星が作られた当初は呪術として効果があったと、どの神様もいっていました。7社の中でどこが最初の神社になったのかは聞いていませんが、その神様が作用を封じ込めたところから、呪術は効力を失っているのです。

しかし、私は呪術の「星」となっている7つの「剣」を、自分の体を使ってなぞりました。東北の人々に向けた呪いは消えていても、呪いをかけた順番に7つの星をまわると、当時の〝術〟とつながるのです。それで呪いがかかりました。

私のように足に呪いが現れて歩けなくなる人もいれば、腹痛や頭痛などの病気として現れて動けなくなる人もいると思います。気力がなくなるなど心に現れたり、上京する費用を失うという形で呪いが出ることもあるようです。

正式な順序で一筆書きにまわらなければ呪いはふりかかってきませんから、怖がらなくても大丈夫です。

この取材で、呪術がからんだようなところは軽い気持ちで行ってはいけない、と痛感しました。正直にいいますと、昔の呪術は迷信だろうという、甘い見方をしていたところが私にはありました。遠い昔の呪術が作用するなどありえないと思ったし、この取材も特別なごりやくがもらえればいいな〜と、のんきに計画したのです。

大昔の呪術であっても、かかる時はかかるし、危険なところは危険なのです。呪いはおまじないや昔話などではなく、実際に作用するものだからです。

岩木山の神様が私についているお稲荷さんをじーっと見つめていた理由も教えてもらいました。岩木山の神様は、この子には呪いがかかる、その呪いを解くことはできるか？　とお稲荷さんに聞いたそうです。

お稲荷さんの返答によっては、「ここから先に行ってはいけない」と止めるつもりだったようです。けれど、お稲荷さんが解けると答えたので、では経験させておこうか、となったそうです。

私が経験すれば本に書くので、読者の方にもこういうパターンがあるから軽く考えてはいけない、ということを伝えられます。用心をうながすことができるのです。

さらに「ああ、なるほど」とわかったのは、乳井神社や鹿嶋神社で「…………」という雰囲気だった、あの件です。神様は「え？　なんだって？　北斗七星をまわる？　呪いがかかることを知らないのか……」と思ったのでしょう。止めたほうがいいのか……という戸惑いの雰囲気だったように思います。

神社に神様がいるという存在を示してしまったら、私が平将門北斗七星みたいに新プロジェクトの提案をしていたでしょうから、それもしないように、という配慮だったのですね。

津軽北斗七星は大地に刻まれた呪術ですが、まわる順番を私とは反対の持ち手のほうからにすれば、まわっても問題ありません。一筆書きにせず、順番をバラバラにしても大丈夫です。私と同じ順番でまわっても、途中で別の神社仏閣を参拝して、北斗七星の形を壊せばこれも問題ありません。

青森はよいところです。取材前日に宿泊した温泉は最高でしたし、風光明媚《ふうこうめいび》で、人々も親切です。決して怖いところではありません。

呪いをかけた「星」として建てられた祠を疑うことなく、純粋に信じて信仰をしてきたご先祖様を持つ土地なのです。神様もこのピュアな東北の人々を守るために、作用を封じてきました。

津軽北斗七星になっている神社も恐ろしい神社ではありません。ごく普通の神社であり……といいますか、人々を心から大切に思う神様がおられます。

今回の取材では本当に大切なことを学びました。この本を読んだ人は私と同じまわり方をしないと思います。それは、呪いがかかっていたかもしれない人を救ったことになります。

私が経験したことで、呪いを避けられた人がひとりでもいるのなら、痛い思いをしたかいがあります。万が一、呪術にかかったとしても、神様に治していただくことができる、ということもお伝えできたと思います。

なんだかちょっと呪術っぽいとか、昔何かの儀式をしていたみたいだとか、そのようなところは軽い気持ちで行かないほうがいいです。見えない世界は見えない世界のルールで動いています。どうか皆様もお気をつけ下さい。

第2章　五芒星の検証

陰陽師安倍晴明が使っていた一筆書きの図形

五芒星とは

昔は太陽を表していた星形

この本のメインテーマは担当者さんの提案であるということを第1章でお伝えしました。もらった資料を見ながら打ち合わせをしたのですが、不思議なことに、ものすごく興味が湧いたものと、まったく何も思わなかったものにくっきりと分かれました。

このような直感は大事なので、今回検証をするマップ上に描いた図形は北斗七星と五芒星にしぼりました。五芒星の資料は2つあり、ひとつは関西に大きく描かれた五芒星、もうひとつは京都市内のマップ上に担当者さんが描いた五芒星です。

担当者さん作成のものは晴明《せいめい》神社を中心として、北の頂点を上賀茂《かみがも》神社にしていました。この五芒星だと他の4つの頂点が神社と重なっていないのですが、〝五芒星〟という形にパワーがあるのであれば、5つの頂点と神社が重なる必要はありません。

なぜここまで五芒星に惹《ひ》かれたのかといいますと、晴明神社のシンボルが五芒星だからです。あの安倍晴明さんが好んで使っていた図形ですから、何かそこに……大きな理由があるはずです。それを知りたいと思いました。

星の形（五芒星のように中に直線が描かれていないものです）は、世界中の古い壁画などに多く残されており、太古の時代は太陽として認識されていました。日本で星だと意識されるようになったのは明治以降ではないか……という説があります。アメリカの星条旗を見た欧米使節団の人が「桜がたくさん描かれている」といったそうで、そこから考えると、それまでは「桜」もしくは「花」として見ることが一般的だったのかもしれません。

この形を〝魔除《まよ》け〟として利用した最古のものは、群馬県前橋市の祭祀《さいし》遺跡から出てきた8世紀前半の土器です。日本でも古くから「形」としては特別に思われていたようです。

五芒星のほうはただの星の形ではなく一筆書きになっています。この一筆書きを編み出したのが晴明さんだという説もあります。いろいろと面白いですね。

五芒星は霊的バリアを張る、邪気をはね返す、と考えられたのか、エルサレムの旧市街入口には五芒星と六芒星が彫られているといいますし、日本でも、西大寺《さいだいじ》の南門の鬼瓦の額に五芒星があったり、江戸城や姫路城、金沢城の石垣にも五芒星が刻まれています。軍旗の乳《ち》（竿《さお》を通す輪です）に五芒星を刺繍《ししゅう》していた武士もいたそうです。世界のあちらこちらで信仰されてきたということは、五芒星はなんらかの強いパワーを持っているのかもしれません。そこでまず、形の検証となる担当者さん作成の京都五芒星をまわってみることにしました。

ちなみに五芒星ですから、まわる順番は一筆書きです。円を描くようにまわったのでは、五角形、もしくは円になるため別の検証になってしまいます。時間が倍以上かかりますが、そこは仕方がありません。もちろん、途中で他の神社やお寺を参拝してしまうと形が崩れるので五芒星にならず、こちらも検証は失敗となります。一筆書きの寄り道をしないコースで5ヶ所をまわってみました。

一筆書きで図形の検証

京都五芒星

京都五芒星❶　上賀茂神社　～京都市北区～

上賀茂神社に参拝をするのは久しぶりです。あまりにも心地よかったので予定よりも長居をしてしまい、1時間くらいいました。まずは正確な頂点である駐車場の横を歩きまわりました。頂点となる部分を自分の足でしっかりと踏みしめるためです。

それから境内に入って、境内社である「片岡社《かたおかのやしろ》」にお礼をいいに行きました。『京都でひっそりスピリチュアル』という本の取材でここの神様とお話をした時に、仕事運の縁結びをお願いして、その願掛けを叶えてもらったからです。

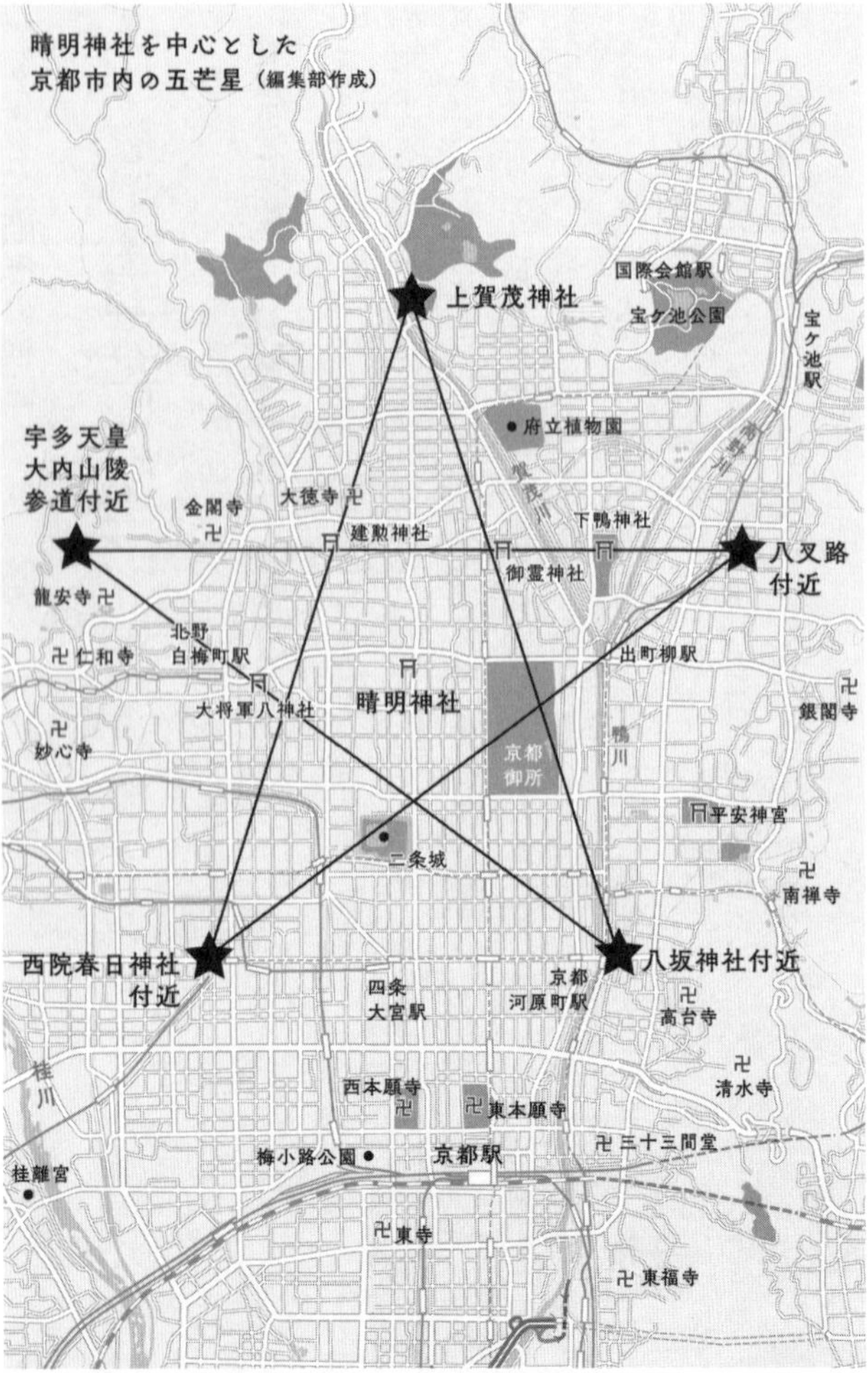
晴明神社を中心とした
京都市内の五芒星（編集部作成）
上賀茂神社
国際会館駅
宝ケ池公園
宝ケ池駅
府立植物園
宇多天皇
大内山陵
参道付近
金閣寺
大徳寺
建勲神社
下鴨神社
八叉路
付近
御霊神社
龍安寺
北野
白梅町駅
仁和寺
出町柳駅
大将軍八神社
晴明神社
銀閣寺
妙心寺
鴨川
京都
御所
平安神宮
二条城
南禅寺
西院春日神社
付近
八坂神社付近
四条
大宮駅
京都
河原町駅
高台寺
桂川
清水寺
西本願寺
東本願寺
三十三間堂
梅小路公園
京都駅
桂離宮
東寺
東福寺

手を合わせて、お礼を述べていると……お社の屋根の上から鳥が1羽、ひゅ～んっ、と飛んできて目の前を横切りました（見えない世界の鳥です）。あれ？　鳥？　と思ったら、また目の前をひゅ～ん、と飛ぶのです。

え？　鳥がいる……前に来た時に鳥っていたっけ？　いや、いなかったけどな……と、しばらくその鳥を観察しました。鳥は「カササギ」です。なんで急に鳥がいる神社になったんだろう？　と思いましたが、本殿の神様にもご挨拶をしなければならず、というか、メインはそちらですから、ここでは丁寧にお礼だけを述べて、本殿のほうへ行きました。

後日談を先にお話しますと、家のベランダで洗濯物を干している時に、ふと、片岡社にカササギがいたな～、ということを思い出して……そこでやっと、「ああっ！　そうか！　いたのはカササギじゃん！」と気づきました。

カササギは実在する鳥ですが、伝説の鳥でもあります。7月7日の七夕《たなばた》の日に、織《おり》姫《ひめ》と牽牛《けんぎゅう》は一年に一度だけ会うことができます。中国大陸では古代から、この七夕にカササギが天の川に橋を架けて2人を会わせる、という言い伝えがあるのです。

どうやら七夕近くになると、カササギが片岡社に来るみたいです。伝説ってあながち嘘じゃないんだな、と思いました。

そして、それはつまり、片岡社は神様の世界でも縁結びの専門だということです。カササギはこのお社でお願いをした人の中から相手と出会うべき人を確認しに来たのでしょう。縁結びの橋を架けてくれるのだと思います。古い時代から縁結びを専門としてきた神様ですから、複雑なシステムが機能しているみたいです。カササギが七夕近くに来る、というところがすごいです。

話を戻しまして……片岡社から拝殿に行って、神様にご挨拶をし、祝詞を奏上《そうじょう》しました。五芒星としてここから4ヶ所をまわって、また戻ってきます、ということを報告すると、神様は、何事も自分で検証したほうが理解が深い、とうなずいていました。たしかに結果だけを神様に聞いても詳細はわかりませんし、理解するというところまでいかず、表面だけの知識になりそうです。五芒星の深い部分がわかるかな、とワクワクしながら次を目指しました。

京都五芒星❷ 西院《さいいん》春日神社あたり ～京都市右京区～

頂点の正確な位置は民家の横の小道です。まず、そこを行ったり来たりして歩きます。不審者に見られないだろうか……とドキドキしました。女でよかった、おばちゃんでよかった、ということも思いました。

小心者なので観光地ではない住宅地を写真に撮るのも、これって誰かに何かいわれるのでは？　と、心臓がバクバクして破裂しそうでした。

頂点のすぐ近くにはお寺があり、入口のところに「南無《なむ》阿弥陀仏《あみだぶつ》」と書かれたお堂があります。覗《のぞ》き穴から見せてもらえる阿弥陀さんでしたが……見た感じは他の仏様に見えました。けっこう古いです。かなり昔からこの地にいる仏様のようでした。

頂点の範囲をぐーんと広げると西院春日神社が入ります。スルーしてはダメだろうということで参拝してみました。
そんなに広くない境内ですが、感覚的にはスカーッと広い！　という印象です。昔はかなり大きな神社だったのではないかと思います。その「気」が今も残っているのです。
拝殿の前には小さな石が2つありました。ひとつは木の囲いがしてあって、目立つようになっています。こちらはお百度石《ひゃくどいし》です。もうひとつはうっかりすると見落とすサイズでした。舞殿《まいどの》（たぶんそうだと思います）のところに小さな桃の形になった石が置かれています。宝珠《ほうじゅ》かな、と思いましたが、神社ですから違うのかもしれません。

玉垣の向こうには、狛犬ならぬ狛鹿《こまじか》が置かれていました。静かな雰囲気の落ち着いた神社です。

ここでは私の守護霊が神様とお話をしていて、お礼をいっていました。なので、私はその間に境内を見せてもらって、サクッと参拝を終え、次に向かいました。五芒星を一筆書きコースでまわるので時間がかかります。しかも上賀茂神社の閉門までに終えなければいけないので、急いだほうがよさそうだと判断したのです。

京都五芒星❸　左京区北白川八叉路《はちさろ》あたり　～京都市左京区～

ここは頂点の範囲を広げても近くに神社がありません。周囲を歩きまわって道のかたわらにある小さな祠を2つ見つけました。少し離れたところでもひとつ見つけたのですが、3つともとても小さいので神社仏閣ほどのパワーはありません。

ただ、八叉路というのは珍しいです。しかも驚くことに信号がないのです。事故が少ない交差点なのだと思いますが、ある意味、すごいです。

非常にかすかな「気」でとても薄かったのですが、お寺の「気」がありました。大昔、このあたりにお寺があったのかもしれません。生えている木にも地面から吸収したお寺の「気」がかすか～に入っていました。

とりあえず、頂点となるところを歩きまわりました。まったく何も感じないので、五芒星の効果は本当にあるのだろうか……と思いつつ、次へと向かいました。

京都五芒星❹　宇多天皇《うだてんのう》大内山陵《おおうちやまのみささぎ》参道あたり　～京都市右京区～

五芒星の頂点は、宇多天皇大内山陵と龍安寺《りょうあんじ》の中間でした。マップで確認をすると、山の中で周囲に道がありません。ここだけ頂点に立つのは無理かも、という場所だったのです。

大内山陵と龍安寺のどちらにも近いということで、先に龍安寺を参拝しました。石庭を見て、本堂（方丈《ほうじょう》）内もぐるりとまわり、境内の端にあるパゴダまで行きました。しかし、正確な頂点まで距離があります。さすがにここで終わるのは離れすぎなので、御陵のほうに行ってみることにしました。頂点に立たなくては意味がないからです。

もしかしたら地図には載っていない、御陵から頂点のほうに行く小道があるかもしれません。

車で山を登っていると、道路の脇に登山者用らしき小道と小さな石碑がありました。車を降りて見てみたら、なんと、そこは御陵への参道入口だったのです。幸い1台だけ停められるスペースがあったので、車を置いて登ってみました。

5分くらい歩くと二叉に分かれていました。左は小道だったし、どう見ても右がメインっぽかったのでそのまま進みました。そこから3分くらいで、お地蔵さんが2体あるところに出たので、お地蔵さんの横を通って登るほうへ行き、また二叉に分かれているところを一直線に頂上へと登る道を進みます。けもの道で傾斜が厳しい坂道でしたが、ここを登ったら頂上らしきところに出ました。

立ち入り禁止区域があって、てっぺんには立つだけでしたが、驚くことにここが正確な頂点とどんぴしゃりでした。頂点が立ち入り禁止区域内じゃなくてよかったです。

ここでは山のパワーが感じられました。ふぅ〜と深呼吸をして、グルグルと円を描いてその場を歩き、それから急いで下山して、次へと行きました。

京都五芒星⑤　八《や》坂《さか》神社あたり　〜京都市東山区〜

五芒星の頂点は八坂神社近くにある「正伝永源院《しょうでんえいげんいん》」の入口付近の塀ぎわです。特別に何かを感じることもなく、このあたりをせっせと往復して歩きました。頂点の範囲を広げると八坂神社が入るので八坂神社にも寄りました。

この前日に京都に入った私は、すでに牛頭天王《ごずてんのう》へのご挨拶は済ませていました。その際に「明日五芒星を検証するんです」ということも報告済みです。

「五芒星について何か教えて下さい」

牛頭天王にそうお願いをすると、

「図形には力がある」

といっていました。

牛頭天王によれば、形にはそれぞれに力があるらしいです。三角形とか四角形などの単純なものにはそんなに強い

パワーはないそうですが、複雑になってくるとパワーが大きくなるみたいです。

「形によって違うのですね？」

「そうだ」

でも、よく聞くと、マップ上に描いた図形の力をもらうには、その頂点となる部分にパワーが必要、みたいなことをいうのです。たとえば五芒星だったら、5つの頂点が全部神社になっているとか、そういうことです。

「五芒星の形に動くとラッキーになれるのでしょうか？　開運しますか？」

この質問には、自分で検証をして真実をつかめ、みたいなことをいわれ、答えてもらえませんでした。

ただ、晴明さんが人生の後半でこの五芒星の効果を手に入れたことは教えてくれました。

いわれてみれば、晴明さんの出世は遅いほうです。46歳で陰陽師になり、51歳で天文博士となっています。当時の陰陽寮《おんようのつかさ》の長官である陰陽頭《おんようのかみ》は、従五位下《じゅごいのげ》相当です。陰陽頭だけは殿上人《てんじょうびと》ですが、それよりも下の人々は下級職員です。

晴明さんは陰陽寮全体を指揮していたようですが、陰陽頭にはなっていません。それなのに最終的に従四位下《じゅしいのげ》にまで出世しているのです。つまりこれは、異例の出世といえます。きっと五芒星の効果をうまく使ったのだと思います。

五芒星として訪れたこの日は、牛頭天王に、

「まわる順番はそれでいいのか？」

と、いきなり聞かれました。イタズラっぽく笑っています。

え！　ええっ！　順番が違ってた⁉　一日かけてここまでまわったのに、まさかやり直し？　とパニクっていたら、

「ワッハッハッ」

と、牛頭天王は大笑いです。そして、間違えてはいない、と教えてくれました。ひゃ～、よかったぁ、と涙目で冷や汗を拭いました。一筆書きの方向を疑うことなく、こっち、と思っていたので神様に確認もしていなかったのです。

五芒星の一筆書きの描き方は2種類あって、大きく作用をもらえるのは「反時計まわり」です（この本に書いている私のまわり方です）。時計まわりの方向だったらパワーを活性化させないので弱いといっていました。

京都五芒星 結び　上賀茂神社

五芒星の描き始めである始点に戻って、やっと取材が終了しました。ハッキリいって、五芒星をめぐるのはしんどいです。時間が余分にかかるからです。

まずは正確な形の頂点となっている場所に行きました。駐車場の横あたりです。ここを歩いて五芒星を正しく描いたのですが……牛頭天王がいっていたように、形を描くだけではなんの効果もないことがわかりました。

頂点にはパワーが必要なのです。キッチリ正しい五芒星を描いたら、五芒星の何かがもらえるのかと思っていましたが、そんなことはありません。正確に描いても、まったく何も得られませんでしたし、五芒星の力も感じられませんでした。

がっくりとうなだれて本殿まで行き、神様に終わったことを報告しました。神様は、

「ごくろうさん」

と笑顔でねぎらってくれました。それがすごく嬉しかったので、結果を出せなかっ

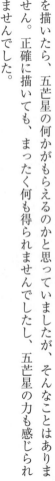

たことは気にならなくなりました。

「自分が描いた五芒星を見てみなさい」

この時点での私は、自分が描いた五芒星のてっぺんにいるわけです。そこから五芒星全体を見なさい、といわれました。振り返って自分の移動した軌跡を見たら、ちゃんと五芒星ができていました。

頂点から頂点へのアクセスは直線ではなかったのに、できた形はちゃんとした直線入りの五芒星だったのです。そのラインが、ビビビ！　と振動をともなって、パチパチと燃えるような感じで銀色に光っていました。五芒星という形が大地に描かれているのです。

ただ、形は描かれているのですが、頂点にパワーがないために五芒星としての力が浮き上がっていません。

5ヶ所をめぐり、最後に始点に戻った時に五芒星が完成して、そこでピカーン！と「形」が光って何かが起こる！　わけではないのです。上賀茂神社の神様も、頂点はパワーある場所にしなければ効果が得られないということを、丁寧に教えてくれました。

頂点がちょっとズレていても、つまり、どこか一辺が少しくらい短くても長くてもかまわないそうです。大事なのはパワーを持った場所を頂点にすることなので、五芒星が少しくらいいびつな形になってもそれは問題ないそうです。五芒星は五芒星だからです。

私が京都市内で描いた五芒星は、上賀茂神社、西院春日神社、八坂神社はよかったのですが、八叉路の場所と、御陵の参道がパワー不足でした。

龍安寺でもいいのでは？　と思われたかもしれませんが、神社なら神社、お寺ならお寺でパワーの種類を統一しないと五芒星にならないそうです。5頂点を同じ波動のパワーにすることが必須なのです。

この日、早朝から丸1日かけて検証をしましたが、結果は失敗に終わりました。けれど、この失敗から学んだことがたくさんあります。上賀茂神社の神様にこの日の報告をした時、「ああ、終わった～」という達成感もありました。やり遂げたすがすがしさみたいなものがあって、これはこれでよかったです。

この失敗を教訓にして、翌日から丸3日かけて、今度は「関西五芒星」の検証に出かけました。

運気と霊能力が上がり、人生が「幸せモード」になる

関西五芒星

関西五芒星❶　伊勢神宮内宮《ないくう》　〜三重県伊勢市〜

伊勢市で前泊をして、早朝から取材を開始しました。私が始点に選んだのは伊勢神宮内宮です。始点は最後に戻ってくる場所でもあるので、アクセスが一番便利な伊勢神宮にしたのです。

境内に入って、『開運に結びつく神様のおふだ』という本の取材で訪れた時に、詳しいお話を聞かせてくれた衣冠束帯姿の神様をお呼びすると、気安い感じですぐにサッと来てくれました。

どうやら担当になってくれたみたいです。ありがたいことです。これは私が特別だというわけではなく、この神社でたくさん問いかけたり、たとえ一方的でもたくさんおしゃべりをしたり、願掛けをしてその結果を報告に行ったり……と、何回か〝積極的な参拝〟をすると担当がつくようです。

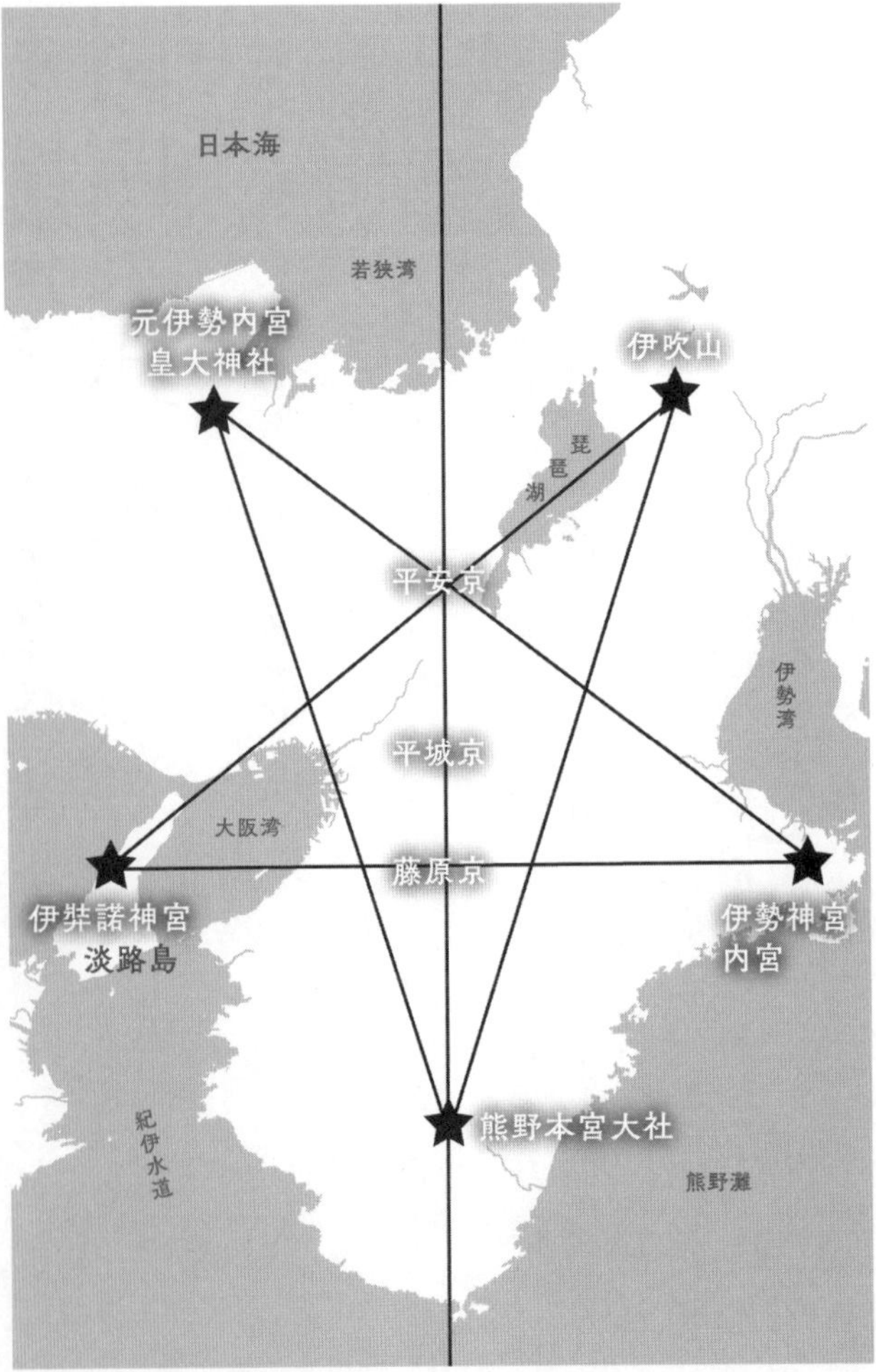
日本海
若狭湾
元伊勢内宮
皇大神社
伊吹山
琵琶湖
平安京
伊勢湾
平城京
大阪湾
藤原京
伊弉諾神宮
淡路島
伊勢神宮
内宮
紀伊水道
熊野本宮大社
熊野灘

伊勢神宮内宮にはものすごい柱数の神様がおられます。行くたびに違う神様についてもらってもいいのですが、担当の神様がいたほうが話は早いし、伊勢神宮とのご縁も深くなります。

担当になってもらうコツは2回目に行った時に（何回か参拝している人は次の参拝時でオーケーです）、鳥居をくぐって、「東京のどこそこから来た桜井識子です！　前回は去年の○月に来ました！」とご挨拶をすることです（心の中で大丈夫です）。

「あ〜、はいはい、あの時の桜井識子ね、話を聞いたのはワシだわ、ワシ」

というふうに前回話を聞いてくれた神様が、神社の入口のところからついてくれます。

ここでおすすめなのは、前回参拝したあとの報告をすることです。それも自分の「わかる能力」を加えての報告です。

たとえば……前回、意地悪をする上司の悩みを境内で話したとしましょう。

「ここを参拝してしばらくしたら、上司が大きなミスをして社長に叱られました。それから上司は少しずつ変わって、今は全然意地悪ではありません。部下のことを心配する人になりました。これは神様が、私のことも上司のことも助けようとしてなさったことだと思っています。上司の大きなミスは罰ではなく、神様が上司をいい人に戻すための手段だったと理解しています」

　このような感じでどんなことがあって、自分はどう受けとめ、どう思ったのかをいうことで、神様に「そこまでわかるようになったか、よしよし」と褒めてもらえます。さらに、その「わかる能力」がもっと進化するように、その先もいろいろと関わってくれます。

　これは一般の神社でもそうです。「わかる能力」を磨いていること、開発中であることは神様にいっておくべきですよ、と『和の国の神さま』という本に書きましたが、参拝後の結果報告を細かくしゃべることで、どれくらいわかっているのかを判断してもらえます。すると、そこからまた一歩進んだ「わかった！」

が得られる出来事を起こしてくれるのです。

この神社で私の担当となってくれた神様に、巨大な関西五芒星をこれからまわります、ということを報告しました。京都五芒星の取材で、形が地面に残っているのを見て、形に何かしらの力があることはわかったのです。「頂点をパワーある神様がいる神社にしたら、五芒星という形の力がどのように発揮されるのか、そこを知りたいです」ということもお話しました。

神様によると、古代の日本では五芒星を利用することがなかったといいます。日本の神様が古くから利用してきたのは、勾玉《まがたま》の形です。この神様も形にはその形に応じた力や意味、作用があるといいます。

勾玉は魔除けとかそちらの方向ではありません。この形を持った人は、神様に「ご神気」「パワー」「恩恵」などをもらって、それを全身にくまなくまわす、自分の子どもとか妻とか周囲にも、ぐるっとそれらをうまく行き渡らせるようにまわす……そのように使います。

つまり、神様から授かったものを、自分と、自分の大事な人や周囲のすみずみにまでめぐらせるためのツールなのです。見方を変えれば、常時神社にいる状態といいますか、常時神様にくっついているような、そんな状態をキープするわけです。

ただの勾玉にその力はありませんが、神様経由で力を浮き上がらせたら、本当にパワーを発揮するそうです。縄文時代にこのことを知った人は首飾りにして勾玉を身につけていました。時代が下ると副葬品としてお墓に入れたりもしています。

五芒星は「つかむ」という形の作用があるといいます。5つの頂点は指が5本あるのと同じです。大きな手でガッチリ握る、というわけで、大地に描いた五芒星内にあるものをすべてつかむそうです。

京都五芒星の検証は失敗しましたが、この五芒星の中には晴明神社や御所《ごしょ》があります。そういう中にあるものをつかむそうです。晴明神社、御所、どこそこの神社、というようにひとつひとつ個別に行かなくても、五芒星でガッツリつかむと話が早いわけです。さらに、五芒星の頂点である5ヶ所の神社のパワーも同時に手に入れられるそうです。

五角形も頂点が5つという部分では五芒星と同じですが、五角形にこの力はありません。これは形によるものだからです。では、六芒星は？　八角形は？　となりますが、特別な作用がない形もあるそうです。勾玉は持っている、五芒星にもある、だけど五角形にはありません。三角形や四角形にも大きな作用はないのです。

ちなみにどれくらいそのパワーが持つのかを聞いたところ、1年という答えが返ってきました。ということは、1年に1回は五芒星をまわらないと恩恵を持続できないということです。逆に言えば、1年間は五芒星が大地でキラキラ輝いているというわけです。

中にあるもの全部をつかむため、五芒星が大きければ大きいほど、たくさんのものをもらえることになります。

つかみ方の詳細は他の神様が説明をするだろうということで、お話はここまででした。アマテラスさん（伊勢神宮でつながることのできる天照大神《あまてらすおおみかみ》ですが、神話に書かれている天照大神とは違うので、こう呼ばせてもらっています）には、ご挨拶と目的を報告し、急いで次へと向かいました。ここからが長いからです。

関西五芒星❷　元《もと》伊《い》勢《せ》内《ない》宮《くう》皇《こう》大《たい》神社　〜京都府福知山市〜

伊勢神宮内宮からトイレ休憩なしで一気に走りました。3時間15分で到着です。こちらの神社は以前に2回来たことがありますが、初回はわかる能力が低い頃だったので参拝をしただけですし、2回目は神様が伊勢神宮会議にお出かけで、お留守でした。

参道を歩くとやはり伊勢神宮の「気」を感じます。今回は、ほんの3時間前まで伊勢神宮にいたので非常にわかりやすかったです。そのまま伊勢神宮の「気」だというスポットも参道にありました。

　ああ、ここは元伊勢なんだな、と改めて思いました。昔ここに伊勢神宮がありました、といわれなくても、元伊勢だったとわかる……それくらい「気」が残っています。

　本殿のエリアに行くと、ちょっとさびれています的な雰囲気が相変わらずありました。ここでも高天原《たかまがはら》にす〜っと意識を持っていくと、アマテラスさんとつながることができます。

　つながることはできますが、鹿児島県の開聞岳《かいもんだけ》や伊勢神宮ほど神々しくありません。「太陽の神様」という感じではな

いのです。

アマテラスさんは高天原にいる神様なので、人によって、また参拝する場所によって、つながる深さが違うのです。

私の場合、伊勢神宮内宮でコンタクトできるアマテラスさんは、開聞岳で会った時ほどクリアには見えません。でも、大きな違いはないのです。ハッキリクッキリ見えないだけで、あまり変わらないのです。開聞岳で見えたアマテラスさんはキラキラして明るかったです。伊勢神宮はそこからクリア度が下がるだけで、明るさや神々しさはほぼ同じです。

でもここでの見え方はちょっと違います。青い服を着ているような感じで見えるのです。アマテラスさんの周囲もそんなに明るくありません。暗いわけではないのですが、明るくないのです。あれ？　同じアマテラスさんなのだろうか？　と悩んでしまうくらい違って見えました（もちろん同じアマテラスさんです）。

このように別人に見えるほどここではつながりが浅かったです。これは場所によって違う、高天原と私との通信具合が原因です。

豊鍬入姫命《とよすきいりひめのみこと》があちこちを転々として、天照大神を鎮座させる土地を探したのはこういうことだったんだ～、と事情がよくわかりました。私もこのようにしか見えないのだったら、違う場所を探す旅に出ます。

でも、この土地が悪いわけではないのです。コンタクトをする人の神様霊能力によっても違いますから、三重県伊勢市ではイマイチだという人もいるはずです。伊勢神宮よりもこの元伊勢のほうがつながれるという人もいると思います。何がどう作用してつながる深さが変わるのか、そこはまだわかっておりませんが、人によって違うわけです。

ここではアマテラスさんとかろうじてコンタクトはできるのですが、私にはお声がはっきりと聞こえませんでした。ちょっと手の届かない上にいる、という感じなのです。イメージでいえば、通信のパイプが直径1メートルじゃなく、5〜6センチというったところでしょうか。通信がやや困難でした。

私が一番つながることができる場所は京都府の籠《この》神社だとアマテラスさんにいわれたので、いつかふたたび籠神社に行って、検証すべきだと思っています。

元伊勢内宮皇大神社の近くには、生前行者《ぎょうじゃ》だった神様がいる天岩戸《あまのいわと》神社や、日室ケ《ひむろが》嶽遥拝所《たけようはいじょ》があります。どちらも久しぶりに行きたいと思いましたが、行ってしまうと五芒星が崩れるため……泣く泣くあきらめました。

五芒星めぐりは頂点だけしか参拝できないのがつらいです（ちなみに宿泊するホテルは神社仏閣ではないのでオーケーです）。

「神社のふだが必要になる。買っておきなさい」という神様のアドバイスで、大きなおふだを購入しました。

次の目的地は熊野本宮大社です。本宮近くのホテルまで、トイレは1回だけ、休憩はせず、ひたすら運転をして……それでも5時間かかりました。到着した時は体の芯から疲れ果てており、本気で「この取材、やめたい！」と思いました。このようなことを思ったのは、あとにも先にもこの時だけです。

関西五芒星の取材はとにかく運転がしんどかったです。この日は午前中に3時間ちょっと、午後に5時間、ひとりで運転しました。これがもう、苦行といっても過言ではない修行のようでした。途中で意識がちょっともうろうとしましたし……。

ひとりきりですから誰かとしゃべることもなく、ひたすら音楽を聞きつつの運転です。熊野地方に到着したのは……あたりが真っ暗になった夜でした。

関西五芒星❸ 熊野本宮大社 ～和歌山県田辺市～

朝早く参拝したので誰もいない爽やかな参道を歩くことができ、石段を上がった本殿エリアでは数名の人とともに、早朝のすがすがしいご神気をたくさん浴びさせてもらいました。高波動をしっかりといただきながらご挨拶をして、五芒星の取材であることを報告しました。

熊野本宮大社の神様に聞いた話を要約しますと……。

頂点となる神社を5ヶ所参拝することで、大地に5つの場所を刻み、五芒星ができます。5つの頂点は大地に刻まれていますが、五芒星としての範囲は上にも広がっているので、地上の空間、そこから空へ、さらに宇宙にまで伸びているそうです。そのイメージは果てしなく高い透明な五芒星の筒が地球に立てられている、といった感じです。

五芒星の中にあるものをつかむというそのつかみ方は「中のものを写し取ってつかむ」そうです。たとえば、京都市内だったら五芒星の中に晴明神社がありました。もしも、あの五芒星めぐりが成功していたら晴明神社のパワーを写し取って使えるらしいです。

五芒星という「形」が神社やパワースポットなどにあるパワーやエネルギーを写し、それを五芒星内に収納します。これは神様にお願いをして、神様からエネルギーをもらう、パワーを使わせてもらうということとは全然違います。五芒星が勝手にコピーする……そういう機能があるそうです。

五芒星内に神社がどれだけあっても、その全部を写し取ります。もちろん、五芒星の頂点である5つの神社も入っています。

「写し取ったものを使うために、人間が何かしなければいけないことがありますか？」

「5つの頂点の波動を持ちなさい」

頂点は神社ですから、波動があるものといえばおふだかお守りです。それを持たなければいけないというのです。元伊勢内宮皇大神社の神様に、おふだを買っておくようにいわれたので買いましたが、「買っておいてよかった〜」と思いました。もしもあの時買っていなかったら……最初からやり直しだったのです。神様に教えてもらえてよかった、としみじみ思いました。

五芒星をめぐったあと、5つの波動は身につけるか、身のまわり（家）に置いておくそうです。こうすることで大地に描いた五芒星とつながることができます。

ああ、なるほどと思ったのは、頂点が神社仏閣ではない場合、頂点の波動を持つことができません。京都市内の八叉路が仮にすごいパワースポットだったとしたら、頂点としてはオーケーです。強いパワーがあるからです。しかし、その場所の波動を持って帰ることができません。だから、頂点は神社かお寺が望ましいというわけです。

5地点の波動を持つことは、いい換えれば5地点に立っているようなものです。それにより五芒星が自分とリンクして、そこに写されたものが全部使えるのです。おふだの期限は1年です。1年近くなってくると五芒星のリンクもだんだん薄くなっていくそうです。

神様の認識では五芒星は「星」ではないといいます。一筆書きしたこの「形」に力があるわけで、「星」の形をしたものがいいというわけではありません。平面上に一筆書きをしたら星に見えますが、平面ではない「空間」に、面をずらして描くのを横から見たら、角のある渦巻きの動きになるのです。

熊野本宮大社の神様には要約して書いているこの内容を、質問を重ねまくって聞きました。丁寧に教えてくれたのでわかりやすかったです。優しく親切な神様なので、もう少しおそばにいたい！　という気持ちを抑えるのに苦労しました。

ここから伊吹《いぶき》山まで4時間半かかりました。このドライブでもトイレは1回で、もちろん休憩なしです。もう本当にハードな取材なのです。熊野地方に行ったら必ず訪れる飛瀧《ひろう》神社も玉置《たまき》神社も今回は涙をのんでパスしました。五芒星の形が崩れるためです。

伊吹山の手前あたりに「養老の滝」という標識があったので、「うわぁ！　行きたーい！」と叫ぶだけ叫んで……スルーしました（泣）。

関西五芒星❹ 伊吹山山頂 ～滋賀県米原市～

この山も途中まで登ったことがあります。3月だったので、9合目までの道路（伊吹山ドライブウェイ）が閉鎖されており、ふもとから歩いて登りました。3合目からは本格的な積雪になっていたので、軽装で登るのは危険なため（車で登る予定にしていたので軽装だったのです）そこで断念しました。

今回は伊吹山ドライブウェイが利用できたので、山頂近くまで車で行くことができました。この道路はうねうねとした道を登っていくのですが、崖側のほうにガードレールが設置されています。ガードレールの向こうは切り立った崖です。

このガードレールの上に、なんと！　猿が1匹座っていました。崖のほうを向いて、です。はるか彼方《かなた》の雄大な景色を見ていたのです。猿なのに……と驚きました。

崖のすぐ先には、ガードレールの外が林という場所もあるのです。そのような安全なところではなく、景色のいいスポットに座って、ぼ～っと下界を眺めていました。猿は知能が人間より低いし、動物なのですが、意外と深いことを考えているのかもしれません。

道路の終点には広い駐車場があります。お土産屋さんも1軒ありました。ここから山頂までは徒歩です。山頂に神社がない、ということは一応下調べでわかっています。日本武尊《やまとたけるのみこと》像しかないらしいのです。

私は以前この山に登っているので（途中までですが）、山岳系神様がいることは知っています。優し～いおじいさんの雰囲気を持った神様で、お話もたくさんしてくれます。神様はいるのですが、神社がなければおふだは買えません。熊野の神様が波動は不可欠だといっていたので、波動は絶対に持って帰らなければなりません。

とりあえずお土産屋さんをのぞいてみました。もしかしたら、ここにお守りがあるかもしれないと思ったのです。しかし、授与品らしきものはまったくありませんでした。

そこで、神様に波動を入れてもらえるものを探しました。紙製品ではなく、置物みたいな硬いものがいいので、あれこれ見て熊除けの鈴を購入しました。これだと立てて置けるし、「鈴」というもの自体が神具になっていますから、神様と関係がある品物です。

この鈴を傘の柄（小雨が降っていました）の、くるんとしたところに引っ掛けて、駐車場中央にある石段から登山開始です。神様に波動を入れてもらう前の準備として、神域に馴染《なじ》ませるため、登山中から空間にさらしました。チリンチリンと時折鳴る音が心地よく響きます。

お土産屋さんによると、駐車場の端っこのところから登れば、道がなだらかなので登りやすいそうです。こちらのコースだと山頂まで所要時間40分です。駐車場中央の石段から登ると急な傾斜でしんどいけれど、所要時間は20分とのことでした。

ここはもちろん20分コースだな、私は山登りに慣れてるし♪　とこちらを選びました。きつい登山ですよ、とお土産屋のお兄ちゃんにいわれましたが……たしかにそうでした。階段がずーっと続きます。山道に慣れていてもきつかったです。キッチリ20分かかりました。

この日はお天気が悪く小雨の中の登山となり、山頂付近には濃い霧が発生していました。私が歩いたコースで山頂に到着すると、まず最初に目に入ってくるのは弥勒菩《みろくぼ》薩《さつ》の祠です。石造りの祠があって、そこに石仏が安置されています。仏様にはご挨拶だけにして、その向こうにある日本武尊像へと行きました。

玉垣の中に立っている石像の日本武尊は、もちろんご神体ではありません。この像に神様が宿っているわけではないのです。でも、この山にいる神様にお供え物をするとか、品物に波動を入れてもらう場合はこの像を通すとスムーズにできます。

日本武尊像の前に行き、お賽銭《さいせん》箱の上にお土産屋さんで購入した鈴を置きました。手を合わせて祝詞を唱え、改めてご挨拶をします。登山をした目的をお話して、熊除けの鈴に1年間持続するほどの、おふだ並みの強い波動を入れて下さい、とお願いをしました。

この方法でおふだクラスの波動をしっかりと入れてもらえたので、伊吹山の神様の波動が欲しい方は同じようにすればもらえます。ただし、気をつけなければいけないのは、家から持って行ったものに入れてもらうことは難しい、ということです。

しっかりと入れてもらえるのはこの山にあるものです。すでにこの山の波動に慣れているものに入れてもらいます。具体的にいえば、9合目のお土産屋さんで何かを買って、それを持って山頂まで行き、お願いをするのがベストです。私は熊除けの鈴にしましたが、もちろん他のものでもかまいません。

ちなみに、この方法で波動を入れてもらえるのは今のところ伊吹山のみです。神様がいるのに神社がないのでおふだやお守りが買えないことと、ほぼ山頂である9合目にお店があるため、波動を入れてもらえる品物が買えるという条件が揃っているからです。同じような環境だったら他でもオーケーかもしれませんが、確実だといえるのはここだけです。

伊吹山の神様は機知に富んでいてお話が楽しく、時々脱線しながらも詳しく説明をしてくれました。

「五芒星が写し取ったパワーをどのようにして使えばいいのでしょうか？」

神様によると、まずは5つの頂点がどの神社なのか、それがハッキリ示されたものを持たなければいけないといいます。地図が一番いいそうです。神社の名前が書いてあるからです。地図上に五芒星を描いたものを持ちます。

地図はかさばってゴワゴワすると思えば、自分で正確な五芒星を描いて、各頂点に「○○神社」というふうに名前を入れてもいいそうです。要はどの神社で作った五芒星なのかを明確に示した五芒星図を持ちます。

次に、頂点として行ったところで唱えた言葉を口にします。

関西五芒星の頂点はすべて神社です。伊吹山山頂に社殿はありませんが、参拝をしたのは神様ですから、ここでも祝詞を唱えました。頂点の5ヶ所すべてで祝詞を唱えているのです。その中のワンフレーズ……たとえば「祓えたまえ清めたまえ」という部分だけでもいいそうです。

もしも、お寺をすべての頂点にしていたら、5つのお寺で般若心経を唱え、その中のワンフレーズ「菩提薩婆訶般若心経《ぼじそわかはんにゃしんぎょう》」だけでいいそうです。つまり、5つの頂点では、神社だったらすべての神社で祝詞を唱えておく、お寺だったらすべてのお寺で般若心経を唱えておくことが必須となります。

唱えた言葉の中に入っているワンフレーズを〝マップを身につけて〟唱えます。もちろん波動の入ったおふだが置かれている場所（部屋）で、です。そうすると、自分と大地に描かれた五芒星がリンクして、次元の違う世界からそこに五芒星が現れるそうです。

現れた五芒星は大地に描かれた図形の中にある神社やパワースポットの力、エネルギーなどを保持しています。五芒星内にためているのです。空間に出現した五芒星は持っているパワーやエネルギーをむわむわーっと絶えず放出しているそうです。それを浴びるだけでも人生が変わるのですが、用途に合わせてさまざまな力を取り出すこともできるといいます。

神様の説明とはいえ信じ難い内容なので、「それ、本当?」と思いました。神様はそんな私の心の中を見て、笑っています。

「晴明がやっていたのを見るか?」

あ!　そうか、晴明さんはこれをやっていたのですね!　というか、伊吹山の神様がどうして晴明さんを知っているのだろう……と思いましたが、重要なポイントはそこではないので、見せてくれた映像に集中しました。

驚くことに晴明さんは神社やお寺を頂点にしていません。なんと！　篝火《かがりび》を焚《た》いているのです！　篝火を5つ焚いて、五芒星の一筆書きの要領で火から火へ歩いています。

へぇ～！　と驚愕して見ていると、ふところに持っている紙が見えました。その紙には5つの篝火が頂点となった五芒星の絵が描かれており、篝火の横に名前らしきものが書かれています。つまり、篝火に名前をつけているのです。これがマップとなっています。

火は、火それ自体が強烈なパワーです。何もかも焼き尽くすほどの力を持っています。浄化もするし、お不動さんは火で敵を倒したりもします。晴明さんは特殊な方法で火をおこし、小さな火ではパワーが足りないため、篝火としてごうごうと燃やしていました。この篝火に神社やお寺と同じように名前をつけ、マップを作っています。5つの篝火を五芒星の頂点にしているのです。

ひとつひとつの篝火の前で晴明さんは「呪文」を唱えています。なんといっているのか、正確な言葉は本人に聞かなければわかりませんが、呪文を唱えているのが聞こえます。5つの篝火の前で同じ呪文を唱えていました。

篝火はパワースポットを囲むようにして置かれています。篝火の距離はそんなに離れていません。パワースポットという土地の力が特別に強いところを中心にして、そのパワーを自分のものにするために五芒星を作っているのです。

別のシーンでは、神様にお願いをして神籬《ひもろぎ》や磐座《いわくら》に宿ってもらい、そこを中心にした五芒星を作ったりもしています。それはもう驚くべきアイデアなのです。

頂点がすべて篝火で同じですから、神社を頂点にした時のように波動を5つ持たなくても、火がひとつあればいいわけです。この部分でもアイデアが完璧です。晴明さんのすごさを……改めて認識しました。

多くの学びをもらって、山頂には1時間半くらいいました。またしても予定外の長居になってしまい、あわてて山を降ります。

車で山道を下っている時にカーブを曲がったら、そこに猿の一家がいてビックリしました。大人の猿が6匹、子どもの猿が2匹いて、私が「え！」と思った瞬間に、猿も「！」となり、全員が走って山の中に消えました。猿がたくさんいるのですね、伊吹山って。

午前中に4時間半の運転をしたのに、ここからも約4時間の運転です（泣）。苦行だわ〜、とくじけそうになる気持ちを奮い立たせて頑張りました。取材はあと1日で終了です。

関西五芒星❺ 伊弉諾《いざなぎ》神宮 〜兵庫県淡路市〜

この神社も2回めの参拝です。張り切って行くと朝のお掃除中でした。巫女《みこ》さんが数名境内を掃いており、拝殿で掃除機をかけている巫女さんもいました。本殿のほうは神職さんが掃除機をかけていて、徹底的にお掃除をするのだな〜、と見学しました。そのあと全員が拝殿に上がって座り、朝のおつとめ（「朝拝《ちょうはい》」というそうです）が始まりました。私は全国各地でこの朝拝を見ていますが、このようなやり方を見たのは初めてです。

祝詞は宮司さんひとりが唱えるのではなく、全員が一緒に唱えていました。見ているこちらも非常にすがすがしい気持ちになり、境内の「気」も爽やかなものに入れ換わりました。

ここでも神様に五芒星について聞きました。

五芒星のパワーを〝願い事〟に使えるのかということをまず質問すると、

「使える」

と、いいます。

「パワーを願掛けに使う場合、そのお願いがどんな内容であってもパワーは作用するのでしょうか?」

「どのような願いでも効果がある」

それはつまり……よくない願い事でも叶うわけです。それはなぜかというと、五芒星には「善悪」「正邪」の判断がないからだそうです。

神仏が願掛けを叶える場合はそのあたりのことをしっかりと判断しますが、五芒星はただの形ですから、神仏と違って、いいことなのか、悪いことなのか、

という判断をしないのです。なので、どんな願い事であっても叶うというわけです。

「世界を滅ぼすとか、そういう悪い願掛けにも使えるんですね？」

「使える」

うわあぁぁぁ！　それは……書いてもいいのだろうか……という不安が襲ってきました。もしも、本に書くのなら書き方を考えないと、悪いほうに使われる可能性があるわけです。ライバルを陥《おとしい》れたり、ライバル会社を倒産させたりという個人的なことから、政治・経済に影響を与えることまで、いろんな使い方ができます。

その方法を教えるのが私……と思うと、ものすごい恐怖を覚えました。熟考に熟考を重ね、悩みに悩み、これは聞かないほうがいい、知らないほうがいいと判断して、願掛けに使用する部分は聞かないことにしました。


晴明さんは自分の願掛けにも使っていたと聞いて、神様が五芒星を使わないのに、晴明さんはどうやってこの形を使うことを知ったのだろう？　と不思議に思いました。伊勢神宮内宮の神様の説明では、日本の神様は古代から勾玉の形を利用しており、五芒星は使っていないのです。

伊弉諾神宮の神様によると、晴明さんは「魔神」から情報を得たそうです。

「魔……神……？」

魔神ってどのような存在で、どういう系統なのだろう？　と新しい疑問が湧きます。悪霊のような悪者なのか、それとも神様と仏様の中間的な存在なのか、そもそもどこにいるのか？　というところからわからないのです。

「それは摩多羅神《またらじん》さんですか？」

「自分で調べなさい」

神様の言葉では「魔神」でした。晴明さんはその魔神に五芒星が持つ機能や、具体的な使い方を聞いたそうです。

商売繁盛や平癒祈願、縁結びや学業成就など、たいていのお願いは神様に聞いてもらえます。しかし、よくない内容だったら神様に却下されることもあります。晴明さんは神様にオーケーがもらえそうもない願掛けを五芒星で叶えていたのかもしれません。

五芒星はそのパワーでもって強引に叶えますから、叶うまで時間もかからないと思われます。神様にお願いをすると時期も考慮されるので、叶うのは1年後とか3年後かもしれません。でも、五芒星だったら即、叶うわけです。それでこちらを利用していた可能性もあります。

今回は境内に入った時に「島の神様だ！」ということがわかりました。前回はお姿を見せてもらえなかったし、私自身も知識がなくて島の神様という存在を知らなかったため、仕方がないのですが、伊弉諾神宮の神様は女性姿の島の神様でした。

沖縄県の久高島《くだかじま》の神様と同じ「気」を持っています。でもしゃべり方は男性っぽいです。「～なのよ」とか、そのような女性言葉を使うのではなくて、「こうだ、ああだ」「こうである」みたいないい方です。女性のお姿をしていても、このような話し方をする神様のほうが多いのでそこは違和感ありません。

厳かながらも、ほんわかとした柔らかい「気」が境内にただよっています。前に来た時は里の神様だと思いました。人と人との調和・バランスをよくし、人間関係を良好に保って、里暮らしを円滑にする……というごりやくだからです。

実際は島の神様ですから、みんなで仲良く、平和に暮らす、というごりやくはもっと幅が広くて奥深いです。アマテラスさんが日本全体をそのように守っているのと同じで、この神様は淡路島全体を守っています。

神様とアマテラスさんの年代は同じです。つまり、ものすごーーーく、超超超古い神様なのです。この神様を見ることができた大昔の人が、ここに島の神様がいるのを見て、「日本はここから始まったのだ！」と思ったのも無理はありません。この神様はアマテラスさんと一緒に国作りを始めた神様のひとり（1柱）だからです。『和の国の神さま』という本の取材でも感じたのですが、神話はおとぎ話やファンタジーではなく、なかなか鋭いところをついています。

神様はものすごく大きなお姿で、アマテラスさんや他の島の神様と同じような服を着ていました。アマテラスさんと一緒に古代に失われた大陸から来ています。失われた大陸でも神様でした。その当時から神格の高い神様だったようです。

失われた大陸がいつ沈んだのかは、まだ教えてもらっていません。何万年前だったのか、何十万年前だったのか、もっと遡った何百万年前の話なのか……いやいや、もっと昔なのか、詳しい時代はわかっていませんが、南の海域に大陸があったそうです。ハワイのような快適な気候だったその土地で人々はのんびりと暮らしていました。

その当時、日本という国はまだ存在していません。大陸はその後沈んでしまい、神々は心を痛めます。そして「素晴らしい国を1から作ろう」ということで、活動を開始し、その場所を定めました。それが日本なのです。

リーダーはアマテラスさんで、伊弉諾神宮の神様は2番めの神様、サブリーダーのように見えます。サブリーダーが1柱かどうかは定かではなく、なぜ、リーダーの次である神様が離島にいるのか……そこは不明です。

実務をやるためかもしれません。天上（高天原）から指導する神様と、地上で実務をする神様、上と下で二手に分かれているようにも思います。どちらにしろ、神格的にはかなり高く、パワーもある神様です。強くて……そして優しいです。淡路島だけでなく、日本全土の人々のことも思ってくれています。


実はお姿を拝見した時に涙がぽろぽろと出て止まりませんでした。ああ、アマテラスさんのお仲間の神様だ！　という感動があったのです。神話でイザナギとイザナミが、矛の先からしたたり落ちたしずくでできた島（おのころ島）に降《くだ》り、最初に「生んだ」日本の始まりが淡路島となっている理由がわかりました。ちなみに、この神様は境内を出ても、島内だったらどこでもつながれます。

日本全国のいろんなところに行って、いろんな神様に会うことで知識が増えます。あちらを知るとこちらがわかる……みたいな感じで広がっていくのです。真実がどんどん見えてきて、それまで謎だったことが解き明かされたりもします。

スサノオという神様に会いたいというのが、今の望みです。この神様を知るともっともっと深い部分まで見えてきそうな気がします。

関西五芒星 結び　伊勢神宮内宮

曇りのち雨という天気予報でしたが、伊勢神宮の上空はスカーッと晴れていました。鳥居をくぐって、

「私の担当の神様、こんにちはー！」

とご挨拶をすると、笑いながら出てきてくれました。さっそく、すべての神社で神様に聞いた内容と、このようなことがありましたという報告をしました。

ふむふむと聞いていた担当の神様はなぜか私ではなく、私の後方上空をじーっと見ています。

そして、こういいました。私についているお稲荷さんがものすごい力をつけている、と。五芒星めぐりの初日に来た時とまるで違うそうです。使える力がケタ外れに大きく強くなっているというのです。

63ページで紹介した、たまにうちに来てくれるお稲荷さんも私と一緒に五芒星をめぐりました。お稲荷さんは人間と違って、神様の波動をおふだで維持しなくてもいいので、すでにすごい力として現れているのです。波動は相手の神様から直接もらうの

か、自分で写して再現するのか、自分の内部に取り入れるのか……そこまでは私にはわかりませんが、自分の中に刻んでいました。つまり、永遠に持ち続けられるのです。人間みたいに1年限りではありません。

お稲荷さんの胸のところにはくっきりと五芒星が浮き出ていました。五芒星パワーを持ったお稲荷さんになっているのです！　そのすごいエネルギーとパワーはひと目見ただけで普通のお稲荷さんとは違う！　ということがわかります。

ひゃ～！　なんだかすごいことになっている！　と思ったら、

「五芒星を持った稲荷になっておるのぉ～」

伊勢神宮の神様も、ほ～、これはすごい、という感じでこのひとことをつぶやいていました。その後もずっと五芒星はお稲荷さんの胸についたままで、未来永劫《えいごう》パワーアップした状態のようです。

正宮《しょうぐう》に行くと、今回もアマテラスさんとつながることができました。何回お会いしても心の底からじわ～っと喜びが湧いてきます。アマテラスさんにも細かくご報告をしました。伊弉諾神宮の神様のことは特に詳しくお伝えしました。

「同じ大陸から来られたと思っています」

そういっても、アマテラスさんはニコニコと微笑んでいるだけでした。日本の成り立ちや、日本の神様世界の成り立ち、そのへんのことはまだまだ教えてもらえないようです。もっともっと勉強をして、神様関係の知識を増やし、私の霊格が上がってからだと思います。

アマテラスさんと伊弉諾神宮の神様は失われた大陸から来ていることは間違いないです。伊弉諾神宮にいた時は同じくらいの神格かなと思いましたが、ここでアマテラスさんを見たら、ああ、全然格が違う……とわかりました。

アマテラスさんは失われた大陸でも最高位の神様でした。大陸全土の守護神だったのです。伊弉諾神宮の神様もけっこう大きいのですが、ツリーで書いた組織図でいうと、アマテラスさんの下ではなく、もうひとつ下でした。上から3番めの位置です。でも、力は恐ろしく強いです。

この日は参拝者が多くいました。次から次にやってきて、手を合わせたあとはどの人も正面横のところから玉垣の中を見学しています。15分ほど正宮内でねばりましたが、それ以上は無理でした。

五芒星めぐりの報告と、アマテラスさんの高波動をふんだんにもらうこと、伊弉諾神宮のお話をすることで精一杯でした。正宮を出る時に、あとは担当の神に聞きなさい、みたいなことをいわれたので「はい」とお返事をして、石段を下りました。

担当の神様に、伊勢神宮は五芒星の始点と終点になるため、おふだは2枚必要なのでしょうか？　と質問をしたら、

「1枚でよい」

という答えが返ってきました。せっかくなので、ちょっと大きめのおふだを買って、五芒星取材を終了しました。担当の神様に「頑張れよ」と最後にいわれたことがしみじみと嬉しかったです。

五芒星取材は苦行

ハッキリ言います。この取材は苦行のようで〝超〟しんどかったです。地獄のような修行に感じました。移動時間が長いことと、運転するのが私ひとりなのでつらかったです。ひたすら次の目的地を目指して運転をする……という3日間でした。

姿勢が長時間一緒なので腰や背中が痛みますし、眼精疲労も半端なかったです。時間が惜しいあまり、サービスエリアでのトイレも5分のみです。休憩をする時間はありません。今思うと、疲れて当たり前のスケジュールでした。1週間くらいかけてゆ

っくりまわっていたら、もっとラクで楽しかったかも〜、と思います。

これは人によるのでしょうが、私は運転操作を面倒くさいと思うので、1時間を過ぎたあたりから「つら〜」となりました。細かく手や足を動かさないといけないし、ミラーもしょっちゅう確認しなければなりません。

なので、疲れてきたら「運転、面倒くさー！」と叫んでいました。車線変更をするのも、ひー！　というくらい面倒くさかったです。さらに長時間運転をしていると眠気がきます。高速道路や渋滞中は眠気との戦いでもありました。

五芒星の形を崩さないために、他の神社仏閣に一切寄れないというのも、かなりのストレスです。ここまでして検証する価値があるのだろうか？　という思いも途中まで、ずっと抱いていました。

初日の夜、熊野地方に到着した時は本気で「やめたい！」と思いました。ただ、頂点となる5ヶ所にいる神様がすべて大好きだったので、それで頑張ることができました。

高速代やガソリン代、私の場合はレンタカー代、宿泊費など、けっこうお金もかかりました。体力も消耗しますし、時間もかかります。

そこまでして頑張った五芒星取材です。さて、その効果は……ですが、先にお断りをしておきます。前述したように願掛けにパワーを使う方法は聞いておりません。聞いてしまったらムズムズと書きたくなって、「悪用する人はいないんじゃない？　それよりも多くの人を救うのでは？」と都合よく解釈して、書いてしまう日がくるように思ったのです。

人生の岐路に立たされている、困った状況にいるという方からメッセージで窮地を訴えられたら、「こういう方法がありますよ」とブログや著書で教えてしまう可能性も……ないとはいえません。

最終的に責任が取れないことはやめておいたほうがいい、と判断して聞きませんでした。

五芒星が願掛けにすごいパワーを発揮することは、晴明さんの出世や、晴明さんの陰陽師としての力のレベルアップ、後世まで名前が残って信仰されていることなど、多くのものが証明をしています。たぶん、魔法のように何でも自在に叶えられるのではないかと思います。

五芒星の効果

私の場合、まず明らかに大きく変化をしたのは霊能力です。かなりレベルアップしました。見えるものが格段に増えたのです。

先日は東京の空に巨大な白龍が泳いでいるのを見ました。今まで東京の中心部で龍を見たことは一度もありません。ちなみに仏教の龍は見たことがあります。可愛いといってもいい龍がいたので、話がそれますが、ちょっとそちらのことを書いておきます。

葛飾区柴又にある「帝釈天題経寺《たいしゃくてんだいきょうじ》」には仏教の龍がいます。仕えている仏様に忠実な龍です。

私が帝釈堂に入った時に、ちょうど祈禱《きとう》が始まりました。手を合わせて仏様に自己紹介をしましたが、聞き慣れないお経の響きです。初めて聞くお経かも？　と、じっと聞いていたら、「南無妙法蓮華経《なむみょうほうれんげきょう》」で締めていました。日蓮宗なのですね。

お経が終わると仏様が安置されている箱型の棚といいますか、厨子《ずし》っぽい入口に、自動で金色の錦の布がするする〜っと下がってきました。うわ〜、自動で閉まるんだ

〜、と驚きました。ロールカーテンみたいな感じでした。カーテンが開けられていても上から5分の4くらいまでは、黒い板？　布？　いや、もしかしたら扉かもしれませんが、それで仏様が見えないようになっています。

お堂の内陣部分の天井には龍の絵が描かれていました。お寺の天井に龍が描かれているのはよく見かけますが、このお堂の絵は窓口となっていて、仏教の龍につながっていました。仏教の龍というのは、『神様と仏様から聞いた人生が楽になるコツ』で紹介したように、大空を泳ぐ神様系の龍とは存在が違います。大空を泳ぐことはありません。

ここには龍がいるということはわかったのですが、肝心の帝釈天さんとはコンタクトが取れません。そこで一旦、外に出ました。境内を歩いて、おみくじを引いて、別のお堂に施された素晴らしい彫刻を鑑賞して……ふたたび帝釈堂に入りました。でも、やっぱり仏様が遠くて、ロールカーテンも閉まっているしで、話ができないのです。

コンタクトができない仏様なのか……と思っていたら、龍が出てきて、

「なぜ、祈禱の間に話をしなかったのか」

と、いいます。帝釈天さんは祈禱の間だったら出てこられるらしく、それで私は祈

禱が始まると同時に、お堂に上がったそうです。ちゃんとタイミングを合わせてくれていたわけです。

「さきほど話をしなかったから、次の祈禱まで話はできない」

「えええーーーっ！　では、今お賽銭を入れてお願いをしている人々の願掛けはどうなるのでしょうか？」

お堂の中にはお賽銭を入れて手を合わせている人がいたし、外にもお賽銭箱があって、外でも同じように参拝している人がいたのです。

「その願いはワシが伝えている。そのためにここにいる」

「えええーーーっ！　帝釈天さんに、直接聞いてもらえないのですか？」

「出てこられない時はワシが全部伝えているから、心配はいらぬ！」

「いや〜、でも、帝釈天さんに聞いてもらいたいじゃないですか〜」

「だから、ワシがもらさずに伝えているといっているだろうが！」

「でも……」

仏教系の龍なので、性質はちょっときつめです。イラッとされることもあるようです。しつこい私が悪いのですが……。

「帝釈天という仏様に会えるところは少ないし、お話をさせていただこうと思って、張り切って来たんですけど」

「………」

龍はちょっとだけ、ンモーな雰囲気を出していました。帝釈天さんを特別な仏様である！　超偉大である！　と強く思っている様子です。

「少し待て。祈禱が始まるから」

いわれるままに5分ほど待っていたら、祈禱が始まりました。そこで、帝釈天さんに「出てきて下さい！」とお願いをすると……大きなお姿で出てこられました。

うわぁ！　と見ていたら、龍が帝釈天さんに深々とお辞儀をするような感じで頭を下げ、その頭を前に出しています。すると、ですね！　帝釈天さんが龍の頭を撫《な》でるのです！　へえぇー！　こういう関係があるんだ！　と、これは本気で驚きました。龍は心から忠誠を誓っているようで、帝釈天さんのことが大好きみたいです。

神様と眷属の関係とは違っていて、というか、仏教でも珍しいかも？　ここのお寺独特かも？　と思いました。

出てこられた帝釈天さんに、

「宗派の違いってなんでしょうか？」

と、聞いてみました。

「人間の解釈の違い」

仏様のほうは宗派別に存在しているわけではないし、仏様が宗派の考えに合わせるということもないそうです。仏様は仏様として、ただ存在している……ということです。ですから、人間がそれをどう解釈するかの違いなのですね。

「あの？　帝釈天さんは今、南無妙法蓮華経《なむみょうほうれんげきょう》と唱えられていますが、真言宗とか天台宗のお寺に安置して、そちらのお経で勤行《ごんぎょう》をしてもいいのでしょうか？」

「かまわぬ」

同じ仏教だから、ということで大丈夫みたいです。

「細かいことに左右されるな」

仏様は仏様であり、宗派が違うからこれはこうとか、あれはああしなければとか、人間の解釈に翻弄されることなく……、

「ただまっすぐに仏を信仰すればよい」

とのことでした。

東京でこの仏教の龍を見たことはありますが、大空を泳ぐ龍は見たことがなかったのです。五芒星パワーを獲得したおかげで、巨大な白龍を見つけることができまし

た。はるか上空を泳ぐ龍であるため、声をかけても無視されるだろうと思ったのですが、予想に反してすぐそばまで来てくれました。

下から見ていた時は白いお腹しか見えていませんでしたが、顔も、ツノも、目の上にある眉毛のようなフサフサした毛も真っ白です。虹のように透明に光る白ではなく、白一色です。体は白ですが、目は薄いエメラルドグリーンなので神々しさの圧がすごいです。

東京に常時いるようには見えなかったので、どこから来たのかを聞くと、

「海」

といいます。聞いた瞬間は伊豆諸島のあたりかな？　と思ったのですが、私は伊豆大島の三原山《みはらやま》に行ったことがあります。その周辺に白龍はいませんでしたし、三原山の黒龍もそのような話はしていませんでした。

そこで白龍に詳細を聞いたところ、父島とか母島がある小笠原諸島の海域だというのです。ほ〜！　あんな遠いところから！　と驚いたのですが、そのあとで「なぜ？」と不思議に思いました。美しい自然のど真ん中にいるのに、どうしてわざわざキレイではない大都会の東京に来る必要があるのだろう？　と思ったのです。

すると白龍は、たまに人間を見に来る、と理由を教えてくれました。大都会をうじ

ゃうじゃと歩いている人間を観察に来るのではなく、人間の魂を見に来ているというのです。

龍が人間を見る時は魂を見ます。人間はそれぞれ自分の波動を持っていますから、神仏からはひとりひとり見え方が違います。心がキレイではない人は黒く見えるそうです。白龍はそういう黒い人は見ないらしく、心根の美しい人や純粋な人、優しい人だけを見るそうです。

そのような人はキラキラと光る玉に見え、色も人によって違うそうです。つまり、そのような人だけを見たら、輝く宝石がたくさん散らばっているように見えるわけです。光がたくさん輝いている夜景といってもいいかもしれません。

小笠原諸島にも心根のよい人がたくさん住んでいますから、もちろん宝石として見えるのですが、東京とは人口がまったく違うので、たまにその100万ドルの夜景のような景色を見たくて飛んでくるそうです。

白龍は夕方暗くなってから夜にかけて来るので、自分を見つける人はまずいない、といっていました。たまに神様霊能力が高い赤ちゃんが夜空を見上げて気づくくらいだそうです。私が見つけて話しかけたので、白龍のほうも驚いていました。

五芒星パワーを身につけるまでは、白龍が時々夜空を泳いでいることに気づきませんでした。見つけることが非常〜〜〜〜〜〜〜〜〜〜〜〜に、困難な龍なのです。

話しかけると白龍はそのたびに目の前までやってきて、顔を見せてくれました。接する態度がちょっと丁寧なのです。これも五芒星効果のおかげだと思います。

日常生活で変化をしたのは「心の状態」です。伝えるのが難しいのですが、「幸せ」を実感できるようになりました。

以前から「幸せだな」と思うことは時々ありました。でもそれは、山を登っている時に「足が動くから山に登れる、ああ、幸せ〜」というふうに〝考えた〟幸せでした。何か幸せを感じるきっかけがあって、それで実感していたのです。

しかし、五芒星を持ってからは、気持ちが勝手に「幸せモード」に入ります。なんのきっかけも、なんの理由もなく、いきなり幸福感に満たされて安らいだ気持ちになるのです。

たとえば、スーパーに食材を買いに行く途中で、歩きながら「幸せだな〜」という気持ちになります。なんで今？　と理性では疑問が湧きますが、心はほんわか〜と幸せ状態なのです。健康だからスーパーに買い物に行けると考えればたしかに幸せですが、そのような条件なしで気持ちだけがほかほかとしています。

家で何も考えずに掃除機をガーガーかけている最中に、ほわわ～んと幸せな気持ちになることもありますし、電車に乗っている時にとか、原稿を書いている時にとか、いろんな場面で心が勝手にほんわかほかほかと幸せな気分になるのです。

幸せな気持ちというのは、たとえば金欠状態で困っている時に思わぬところから臨時収入がドーンと入ってきたとか、長年片思いをしていた大好きな人に告白をされたとか、そのような天にも昇る心地と同じです。ペットがそばに寄ってきて抱きしめる時の、「可愛い～」と思うその喜び、嬉しさ、満足感と同じなのです。

そのような気持ち……人生に満足したような感覚にしょっちゅうなるので、「もうじき死ぬのかな？」と本気で思いました。

このような幸福感が時々あるので、まったく腹が立たなくなりました。元夫（離婚をしましたが、人生のパートナーとして今でも仲良しです）と待ち合わせをして、彼が大幅に遅れて来てもなんとも思わないのです。以前だったら確実に「ンモー！」と怒っていたことでも、全然平気です。

生活は以前と変わっていませんが、気持ちが変わったために、満足した状態でゆったりと、安定した気持ちで暮らしています。本当に「幸せ」な人生になったのです。

これは強烈な浄化をされたことによる恩恵です。心の中にあったマイナスに働くもの（不安、心配、イライラなど）がサッパリと消滅した結果なのです。

おかげでラクに生きられるようになりましたし、日々幸せなので不満がなく、人生が楽しいです。もちろん、今まで通りイヤなことも起こりますが、腹が立たないのでさらっと流せますし、さらっと忘れられます。

五芒星を持ってからの運勢はすべてが上向きになりました。詳細を書くのは控えますが、仕事運は絶好調ですし、金運も上向きです。人間関係もそうです。すべてのベクトルが右肩上がりを示しているのです。

総合的に見ると、グチることが何もない「幸せな人生」に変化しています。宝くじで5億円当たりました！　というスペシャルなことはまだ起こっていませんが、心が常に幸福ですし、生活もすべてが好調で心配も不安もありません。人生の全部が平和で穏やかです。

波動を浴びながら、マップを持って、5ヶ所で唱えた言葉をいう、という五芒星とリンクすることをまだ1回しかしていないのに、この効果です。もっと回数を増やせばもっと大きな効果が現れるのかもしれません。期限は1年ありますから、ちょっと面倒でも、これからちょこちょこやってみようと思っています。

五芒星は特別な機能を持った図形でした。そして、そのパワーはたしかに存在します。大地に描いた五芒星にリンクするだけで十分すぎるごりやくがもらえるのです。私は、日々心から感謝をして生きられるようになったおかげで、別人に生まれ変わったような人生になりました。五芒星から得たものは大きいです。

でも……時々、願い事を叶える方法も聞いておけばよかったかな～、とチラッと思ったりもしています（笑）。

第3章　ミステリースポットの検証

五色不動《ごしき》

お不動さんを5ヶ所まわる意味

サンシャイン
シティ
六義園
池袋駅
目赤不動
（南谷寺）
小石川植物園
高田馬場駅
目白不動
（金乗院）
中野駅
東京ドーム
新宿駅
四ツ谷駅
皇居
新宿御苑
明治神宮
原宿駅
明大前駅
新橋駅
東京タワー
渋谷駅
下北沢駅
六本木ヒルズ
浜松町駅
目青不動
（最勝寺）
恵比寿駅
三軒茶屋駅
目黒駅
目黒不動（瀧泉寺）
品川駅
林試の森公園
大崎駅

五色不動とは

五色不動とは五行《ごぎょう》思想に基づいて作られた不動明王《ふどうみょうおう》です。古代中国では5つの基本要素によって自然現象や社会現象を解釈していました。この世界観を五行思想といいます。その基本要素は「木」「火」「土」「金」「水」であり、これを色で表すと順に「青」「赤」「黄」「白」「黒」となります。

それぞれの色の不動明王を平安京の守りとして、四神とともに配置していたという説があります。白不動と黒不動は失われてしまったものの、残りの3体は残っており、それが青蓮院門跡《しょうれんいんもんぜき》の青不動、遍照寺《へんじょうじ》の赤不動、曼殊院《まんしゅいん》の黄不動だそうです。

しかし、遍照寺の赤不動は平安中期、青蓮院門跡の青不動と曼殊院の黄不動は平安末期の作ですから、この伝承はちょっと首をかしげてしまう部分がなきにしもあらずです（個人的見解です）。

これとは別に、高野山明王院《こうやさんみょうおういん》の赤不動、大津三井寺《みいでら》の黄不動、京都青蓮院門跡の青不動は「三不動」と呼ばれています。

東京には江戸時代に天海僧正が五色不動を祀ることで、江戸の守りをかためる結界を張った、天下太平を祈願した、という伝承があります。江戸時代なかばの資料には、天海僧正が〝四色〟の不動明王像を安置した、と書かれているのです。これは四《し》神相応《じんそうおう》に基づいたものだという記述もあります。この時点では黄色を加えた5色ではないのですが、黄色についても文中でふれているので、五色不動という考え方はあったみたいです。

五色不動という呼び方が出てくるのは明治時代からですが、三不動として、目黒不動、目白不動、目赤不動は江戸時代から有名だったそうです。

でも、もしかしたら記録に残っていないだけで、五色不動として結界が張られているのかもしれない……と思った私は1日かけて五色不動をまわってみました。

目黒不動　～瀧泉寺《りゅうせんじ》：目黒区～

このお寺のお不動さんは秘仏《ひぶつ》（安置されている厨子の扉が通常は閉まっている状態の仏様）です。普段は厨子の中におられ、さらに手を合わせるところからも遠いため、コンタクトはできません。扉が開けられるのは12年に一度だそうで、たまたま開《かい》扉《ひ》されていた時期に行ったことがあります。まずはその時のお話です。

入口である仁王門をくぐると参道がまっすぐにのびていて、その向こうに石段があり本堂へと続いていました。何も考えずに門を入って2～3歩進んだところで、いきなり江戸時代の人々が目の前にパーッと広がりました。意識してその時代を見ようと思ったのではなく自然とその時代につながったのです。

男性も女性も大人も子どもも年老いた人も……みんな着物を着ています。人々がたくさん行き交っており、お祭り？というくらいの人数なのです。ものすごくにぎわっています。「活気があるな〜」と、しばらくその光景をボ〜ッと見ました。ここまで過去がしっかり見えるのは珍しいです。

後日読者の方から「江戸時代に栄えていたそうです」というメッセージをもらいました。わかるわかる！　そんな感じだった〜！　と深く納得した人出でした。

参道を進むと石段の手前左側に「独鈷《どっこ》の滝」があります。滝といっても普通の滝ではなく、どちらかというと池です。池を石組みで囲っており、その壁ともいえる石組みに龍の顔が組み込まれているのです。口からは水が出ています。もしかしたら、昔はこの水で水垢離《みずごり》をしたのかもしれません。

ここの「場」のパワーがすごいのです。本堂に行かなくても、ここにいるお不動さんを参拝すれば十分なのでは？　と、思ったくらいです。場の力が強いから、仁王門から独鈷の滝までの間で江戸時代が見えたようにも思いました。

石組みの上には、たくさんのお不動さんの石像や仏像が置かれています。力があるお不動さんの像を見つめたり、独鈷の滝のそばにあるお堂を見たり、「水かけ不動明王」を見たりして、結構ここで長い時間を過ごしました（水かけ不動明王は自分が治してほしいところと同じ部分に水をかけるといいそうです）。本当にとても気持ちのよい場所で、昔はすごい聖地だったように思いました。

本堂内の仏様が安置されている場所は中央の内陣とその左右の脇陣、3つのパートに分かれていました。開扉期間は外陣（内陣と脇陣の真ん前です）に上がらせてもらえるので、しっかりと拝観できます。

須弥壇《しゅみだん》には開扉されているご本尊がいましたが……御簾《みす》越しの拝観だったので、お姿をハッキリと見ることはできませんでした。金色の剣を持っているなぁ、という程度です。御簾の前にもお不動さん像が1体安置されており、その手前はお坊さんが護摩《ごま》を焚く護摩壇となっていました。

左側脇壇の中央には愛染明王《あいぜんみょうおう》像があり、その左横にはびんずるさんがいました。このびんずるさんは磨耗《まもう》していません。珍しいです。びんずるさんは自分の体の悪い部分と同じところをさわればよくなるとされているので、どこのお寺でも大勢の人が撫でまくっています。ですから、あちらこちらが磨耗しているのが普通なのです。愛染明王の右横にも立派なお不動さん像がありました。

右側脇壇には、勢至菩薩《せいしぼさつ》、虚空蔵菩薩《こくうぞうぼさつ》の仏様と、中興《ちゅうこう》の祖《そ》のお坊さん、円仁《えんにん》さんなどの像があり、中興の祖のお坊さん仏像はしっかりご本人と道がつながっていました。円仁さんもつながっていますが、この方は元三大師《がんざん》以上に前面に出るタイプではなく、ものすごーく謙虚な仏様ですから出てこられません。最澄《さいちょう》さんのお弟子さんは、格の高い仏様になっていても控えめな方が多いのです。

このような秘仏の場合、お願いは聞いてもらえるのでしょうか？　と、不安になる方がいらっしゃるようで、時々質問が届きます。そこをご本尊のお不動さんに聞いてみました。

「開扉の期間じゃなかったら、お願い事は叶いにくいのでしょうか？」

「この寺には道のつながった像が多くある（道がつながっているという表現は私に合わせてくれています）。本尊にこだわらず、境内にある自分が好きな仏像を信仰すればよい」

「今、12年に一度の開扉の時期ですが、通常より特別に願い事が叶いやすくなっているのでしょうか？」

「そのようなことはない」

開扉ではない時期でも、願い事が叶うことに関しては同じだそうです。ただ、開扉の時期だったらご本尊にじかに願掛けができますし、ご本尊にご縁ももらえます。

ご本尊のお不動さんは普段は扉の向こうにおられるからか、

「近くて（このお寺には不動明王像がそれはもうたくさんあるのです）、親近感の持てる像に手を合わせるとよい」

といっていました。

人間がその仏様をイメージしやすく、語りかけやすい像を信仰すると、仏様のほうもつながりやすいそうです。「仏を身近に感じなさい」とのことでした。

以上が初回参拝時のレポートです。

今回はその時以来の参拝です。前回は開扉期間だったので本殿に上がれたし、ご本尊以外の仏様ともつながることができました。びんずるさんもです。しかし、今回行ってみたら、もちろん上がることはできず、本堂の中は明かりがなくて少し暗くなっていました。ですから、ほとんど見えないという状態なのです。

お賽銭箱のところはロープや柵で仕切られており、2人立つのがやっと、という幅になっていました。「長時間立たないでください」という張り紙もありました。新型コロナ感染予防のため、1人ずつの参拝です。後ろの人にものすごーーーく気を使うシチュエーションでした。

ご本尊のお不動さんとはコンタクトがまったくできません。強いお不動さんであることは前回の参拝で知っていますが、なんというか、その時とは違った感じの実感がない参拝となり……秘仏はやっぱり難しい、と思いました。

秘仏となっている仏様には2種類あって、扉が閉まっていたらコンタクトが不可能な仏様と、閉まっている扉越しでもお話ができる仏様がいます。目黒不動尊は後者ではないかと思ったのですが、違っていました。

そこで、本殿裏におられる大日如来《だいにちにょらい》さんにご挨拶をしに行きました。

「おぉ、久しぶりだな」

とお声をかけてもらえて、お話を聞ける仏様がいてホッとしました。

「五色不動の取材で来ました！」

五色不動が本当に江戸を守るための結界だったのか、天海僧正が江戸の発展のためにかけた術だったのか、現在詳しいことはわかっていませんが、江戸のために安置されたお不動さんだといわれています、と一応、説明をしました。

「人間はそういう話が好きだな」

そういうと、大日如来さんはフフフと笑っていました。

「まぁ、まわってみるがいい」

「はい！　ここが1番めなんです。これから他の4色をまわります。5つのお不動さんをまわって、特別なごりやくがあるのでしょうか？」

大日如来さんはちょっと言葉を濁し……（つながれないお不動さんがいることを知っていたからだと思われます）、

「違う仏を5ヶ所まわれば、仏の大きな加護がある」

と教えてくれました。ニュアンス的には仏様のご加護が5つ揃《そろ》えば、ものすごく大きなパワーになるという感じです。もちろん1日で5ヶ所まわったら、という意味です。

大日如来さん、阿弥陀さん、観音さん、お地蔵さん、お不動さん、みたいに違う仏様を5ヶ所まわってもいいそうですし、今回のようにお不動さんを5ヶ所まわってもいいそうです。

もちろん、5つの「お寺」をまわって、です。ひとつのお寺で、本堂と境内にある小さなお堂をまわり「はい、5ヶ所終わり」というふうに簡単に済ませるのはナシです。ちゃんと5社、お寺をまわります。すると、大きなごりやくがいただけるとのことです。

貴重な情報をくれた大日如来さんにお礼を述べて、次へと向かいました。

目青不動　～最勝寺《さいしょうじ》：世田谷区～

入口が2ヶ所あります。それを知らなかったので、線路側にある横の入口から入りました。入った正面にお堂があります。柱に大きく「納経所《のうきょうじょ》」と書かれていたため、ここはお経を納めるお堂なのね～、とそのまま通過し、左に曲がりました。

曲がったところに本堂があったのですが、そばまで行って、え！　と固まりました。扉がガッチリ閉まっているのです。

うわぁ、お参りできんやん……と、焦りました。試しにそこで手を合わせてみましたが、まったくコンタクトができません。きゃ〜、まさか、ここで終了？　もう終了？　と真っ暗な気分になりました。

本堂の周囲にある木々はいい具合に成長していて、パワーがあります。本堂の扉は閉まっているけれど落ち着く境内だな〜、と思いつつ来た道を戻っていたら、もうひとつの入口から付き添いの介護職の人と一緒に、高齢者が境内に入ってきました。

2人は本堂のほうには行かず、納経所と書かれたお堂に参拝しています。何気なく見ていて、あれ？　と思いました。

手にお経を持っていないのに、納経所に行っているのです。2人が帰ったあとでお堂をのぞくと……ここにお不動さんがいました！　あの2人がもしも参拝に来なかったら……私はそのまま車に戻っていたと思います。

納経所だと思ったお堂の扁額《へんがく》には不動明王と書かれていて、中に提灯も下がっていました。ううう……わかりにくいです……というのが、正直な感想です。いや、境内社をすっ飛ばすクセがある私がいけないのですが。

お不動さんはけっこう近い距離で参拝できました。金網で守られていますが、距離が近いので波動もいっぱいもらえます。

「五色不動をまわることで特別なごりやくがありますか？」

ここのお不動さんがいうには、色が違う5体をまわる、五色不動とされている5体をまわる、そこに特別な意味はないそうです。ただ、5体の〝不動明王〟を参拝することで、不動明王の色（波動）が濃くつく、といいます。

違う仏様を5ヶ所まわったら、仏教の世界に深く馴染《なじ》めるそうです。というのは、5体の違う仏様の波動がたっぷりとつくことで、1ヶ所を参拝した時に比べると5倍の幅で仏教世界の奥まで入れるからです。ちょっとわかりづらい表現でしょうか。つまり、5種類のカラーが違う波動は仏教世界の5分野に馴染ませてくれるのです。

それは別の特徴を持った仏教の恩恵にバランスよく包まれることを意味します。1種類の仏様の波動だけじゃなく、5種類の違う波動、それも強い波動が5つつくわけですから、特別なごりやくがもらえるのです。

お不動さんを5ヶ所にすれば、お不動さんの波動のみが5つつきます。それは不動明王の波動がびっくりするくらい濃くつくというわけです。お不動さんの波動を大量につけた人となります。おかげでしばらく悪いものは寄って来ないので、心身ともに非常にラクになります。

目白不動　～金乗院《こんじょういん》：豊島区～

目白不動明王は、もとは文京区関口《せきぐち》にあった新長谷寺《しんちょうこくじ》というお寺に安置されていたそうですが、新長谷寺が戦災で焼失したため、金乗院に移されました。

境内には大きな本堂とは別に、石段を上っていく造りの小さなお堂があります。下調べなしで行ったので、この時はお不動さんが他のお寺から移されてここに来たということを知りません。

お参りをした時のお堂の印象は、「拝殿」でした。明らかに手を合わせる場所だけれどスカスカなのです。

神社の神様は拝殿にいるのではなく、本殿にいます。拝殿は正式に手を合わせるところですが、ここに神様がいるのではありませんからスカスカです。それと同じ感覚でした。

お堂の最奥には仏像が置かれていましたが、道はつながっていませんでした。私が感じたままを正直にいいますと、この仏像はレプリカであり、御前立《おまえだち》のようでもありました。なので、このお堂の後ろにある建物に本物の目白不動が安置されているのかな？　と思ったのです。

そこで、不動堂を出て横の墓地にお邪魔をし、後ろにある建物のそばを歩いてみたのですが、お不動さんの波動はありませんでした。

というわけで、ここはコンタクトができないお不動さんでした。何をどうチャレンジしてもつながることができず……詳しいことはわかりませんでした。

帰宅して調べてみたら……目白不動は秘仏だそうです。年に3回だけ、ご開帳《かいちょう》があるそうで、1月、5月、9月の28日は拝観できるらしいです。秘仏である不動明王は15時に「本堂」から不動堂に移されて、法要が行なわれ、そのあとで実物を拝めるそうです。

普段は本堂に……それも秘仏ですから、厨子に入れられて祀られています。コンタクトができなかった理由がこれでわかりました。空海《くうかい》さん作という言い伝えがある仏像なので、いつかご開帳日に参拝をしたいと思います。

目赤不動　～南谷寺《なんこくじ》：文京区～

このお寺も目青不動のように本堂とは別に不動堂があって、自由にお参りができました。お不動さんとの距離がすごく近いので、波動も受け取りやすいし、話もしやすかったです。

ここのお不動さんに聞いても、五色不動をまわることに特別な意味はないといいます。けれど、5ヶ所をまわるというその数には大きな意味がある、と同じことをいわれました。

やはり重要なのは1日で5ヶ所をまわることです。どこのお不動さんでもかまいません。住んでいる地域に関係なく自分が好きな土地に行けばいいいし、好きなお寺でいいそうです。

1日で5不動をまわると、不動明王の波動が色濃く、分厚く、強くつきます。これは短期間で勝負をしたいという場合、効果が大きいそうです。

たとえば、自分に乗っかっている悪いもの（幽霊、悪霊、生霊、パワハラなどをしてくる相手やストーカーの執着心、他人からの悪意ある念など）をサッパリ

と落としたい、どよ～んとついていない日が続くのでスカッと爽やかになりたい、という これらの願望を「今日1日で決着をつけたい！」という時に効果があるのです。

もしも、自分の背中に乗っているものがケタ外れに強かったり、繰り返し乗っかるものだった場合、あそこに参拝に行ったけどダメだった、次にこちらを参拝してみたけどやっぱりダメだった、今度はどこに行こう……と、落とすことが困難だったりします。今日1日で勝負をつけたい、落としたい、スッキリしたい、切り離したい、という時は5体のお不動さんを1日でまわるといいです。効果バツグンだそうです。

目黄不動　～最勝寺《さいしょうじ》：江戸川区～

道路から入ると正面に本堂があり、左は墓地、右に不動堂がありました。このお寺も本堂とは別に不動堂があるのです。しかし、扉はしっかり閉まっていました。お賽銭箱のところに「ご朱印のお方、堂内参拝をご希望のお方は、左玄関にて申し受けます」と書かれています。

うわぁ、どうしよう……気を使うなぁ、やめとこうかな、と最初はそう思いました。私は小心者なので、「お堂の中を見せて下さい」ということをなんだか申し訳ないと思うのです。ピンポンを鳴らすわけですし……。

しかし、ここが五色不動の結びです。せっかくここまで4つをまわってきて、最後はお堂だけを見て帰るというのは取材として意味がありません。そうだ、これは取材なんだ、と思うと、俄然勇気が湧いてくるから不思議です。

読者の皆様に五色不動のことを最後までしっかりお伝えしなければ！　と思ったら、気合が入り、ピンポンできました。

中から「どうぞ～」と女性が声をかけてくれます。扉を開けてもいいのかな？と若干ビビリながら開けたら、用件を聞かれました。「お参りをさせていただきたいのですが」というと、「どうぞ～」とのことで、そこから上がらせてもらえました。

玄関から上がって不動堂に行くので、お堂には横から入ることになります。お寺の方は付き添ってそばにいるのではなく、ひとりで入らせてもらえたのでホッとしました。緊張しなくてすむからです。

お堂に入った瞬間、すごい波動で頭がくらくらしました。相当強いお不動さんです。仏像は坐像《ざぞう》で、光背《こうはい》の炎がゴウゴウと燃え盛っているように見えて迫力がありま す。燃え方がすごい彫刻なのです。というか、光背がこんなに大きいのは珍しいかも、と思いました。

天台宗東京教区の公式サイトには【木造不動明王坐像（江戸川区指定文化財）享保九年仏師松村理右衛門の作。檜寄木作り。像高1m27㎝。光背並びに二童子は江戸初期の作といわれる】と書かれています。

不動明王の左右には脇侍《わきじ》として童子《どうじ》2体があり、周囲には他の明王の仏像が4体安置されていました。

脇侍の童子は向かって左が、すっごーーーく厳しい性質です。私をじろじろと見て、なんだお前は？　みたいな感じでした。

「五色不動をまわって結びとして来ました。ここを最後にしてよかったです」

思っていたことを正直にいうと、

「うむ」

といって、厳しさをゆるめてくれました。

とにかくすごい圧、すごい波動、すごいパワーで「うわぁ」を連発しながら手を合わせて真言を唱え、ご挨拶をしました。余談ですが、拝観料を取られなかったので、気持ち多めにお賽銭を入れました。

私がこの日見たお不動さんの中で、一番強かったです。仏像自体迫力ある作りですし、お不動さんも一番厳しい性質でちょっときついです。

ここのお不動さんも、やはり五色不動だから特別だということはない、といいます。1日で5ヶ所をまわればご加護があると、他のお不動さんとまったく同じことをいっていました。

私のように五色不動をまわってきた人はここが最後の結びとなりますから、「締め」として濃いめの波動をもらえます。浄化もしてもらえますし、パワーも与えてくれます。それで充電もできます。

1日で五色不動をまわるのはラクではありません。時間もかかりました。私は車でまわったのですが、電車だったらもっとしんどそうです。五色不動の場合、ここのお不動さんが締めだとそのすべてが報われるという感じです。

お寺の人に声をかけなければいけないというのは気を使うし、ひとりで行く人はドキドキするかもしれませんが、このお不動さんに会えるのですから、満足できると思います。

不動明王5ヶ所参拝のすすめ

五色不動参拝に限っていえば、最後にするのは最勝寺がおすすめです。目白不動だけお不動さんの波動がもらえなかったので、厳密に言えば4体の不動明王参拝です。でも、目黄お不動さんがその日の仕上げをしてくれるといっていました。

お不動さん方に「五色不動だから特別ということはない」といわれましたが、五色不動参拝はこれはこれで面白かったです。

目黒お不動さんは強いのだけれど、ご本尊は秘仏として会えませんし、コンタクトもできません。御前立も遠いです。行かれた方は「イマイチかも？」と思われるかもしれませんが、境内にはたくさんの不動明王像が置かれています。道もつながっています。水かけ不動でもいいですし、お顔を拝見して「このお不動さんだ！」と思った仏像に手を合わせてお話をするといいです。ご本尊ほどではありませんが、波動はもらえます。

私はたまたまこの順番でまわりましたが、正解だったと思います。最初はご本尊に会えないところにして、途中で距離が近いお不動さんに2体お会いし、最後は強いお不動さんで締めることができました。

ただ、五色不動参拝だと5体のお不動さんをまわれないので、どこか別のお不動さんをひとつ加えなければ、すべての悪いものを爽やかに1日で消滅させるという大きなごりやくがもらえません。

これは仏様の手配なのでしょうが、最後に行ったお寺に「関東36不動」のパンフレットが置かれていました。私は関東36不動を知らなかったので1部いただきました。お不動さんは不動明王がいるお寺を多くの人に伝えたかったみたいです。仏様も人々を救いたいと思っておられるのです。

というわけで、関東にお住まいの方のために36不動の所在地を書いておきます。自宅から近いところを5ヶ所まわってもいいし、観光気分で遠出をするのもいいと思います。悩みで苦しんでいる方が、濃い不動明王波動を身につけて、1日でスッキリ問題解決ができればいいなと思います。

◉神奈川県

第1番　大山《おおやま》不動尊　大山寺《おおやまでら》　伊勢原市大山

第2番　清瀧《きよたき》不動尊　道了尊《どうりょうそん》　南足柄市大雄町《だいゆうちょう》

第3番　野毛山《のげやま》不動尊　延命院《えんめいいん》　横浜市西区

第4番　和田不動尊　真福寺《しんぷくじ》　横浜市保土ケ谷区

第5番　日吉《ひよし》不動尊　金蔵寺《こんぞうじ》　横浜市港北区

第6番　神木《しぼく》不動尊　等覚院《とうがくいん》　川崎市宮前区

第7番　川崎大師不動堂　平間寺《へいけんじ》　川崎市川崎区

◉東京都

第8番　飯縄《いづな》大権現　薬王院《やくおういん》　八王子市高尾町

第9番　高幡《たかはた》不動尊　金剛寺《こんごうじ》　日野市高幡

第10番　田無《たなし》不動尊　總持寺《そうじじ》　西東京市田無町

第11番　石神井《しゃくじい》不動尊　三寶寺《さんぽうじ》　練馬区石神井台

第12番　志村不動尊　南蔵院《なんぞういん》　板橋区蓮沼町

第13番　目赤不動尊　南谷寺《なんこくじ》　文京区本駒込

第14番　目白不動尊　金乗《こんじょう》院　豊島区高田
第15番　中野不動尊　宝仙寺《ほうせんじ》　中野区中央
第16番　目青不動尊　教学《きょうがく》院　世田谷区太子堂《たいしどう》
第17番　等々力《とどろき》不動尊　満願寺《まんがんじ》別院　世田谷区等々力
第18番　目黒不動尊　瀧泉寺《りゅうせんじ》　目黒区下目黒
第19番　目黄不動尊　最勝寺《さいしょうじ》　江戸川区平井
第20番　深川不動尊　深川不動堂　江東区富岡
第21番　薬研堀《やげんぼり》不動尊　薬研堀不動院　中央区東日本橋
第22番　浅草寿《ことぶき》不動尊　寿不動院　台東区寿
第23番　橋場《はしば》不動尊　不動院　台東区橋場
第24番　飛《とび》不動尊　正寶《しょうぼう》院　台東区竜泉《りゅうせん》
第25番　皿沼《さらぬま》不動尊　永昌院　足立区皿沼
第26番　西新井大師不動堂　總持寺《そうじじ》　足立区西新井

◉埼玉県

第27番　川越不動尊　本行《ほんぎょう》院　川越市久保町

第28番　川越大師不動尊　喜多《きた》院　川越市小仙波町
第29番　苔《こけ》不動尊　洞昌《とうしょう》院　秩父郡長瀞《ながとろ》町
第30番　不動《ふどう》ヶ岡《おか》不動尊　總願寺《そうがんじ》　加須《かぞ》市不動岡《ふどおか》
第31番　喜多向《きたむき》厄除不動尊　岩槻大師　さいたま市岩槻区

◉千葉県

第32番　厄除岩瀬不動尊　最上寺《さいじょうじ》　富津市岩瀬
第33番　高塚不動尊　大聖《だいしょう》院　南房総市千倉町
第34番　夷隅《いすみ》不動尊　宝勝院　いすみ市苅谷《かりや》
第35番　波切《なみきり》不動尊　大聖寺《だいしょうじ》　いすみ市大原
第36番　成田不動尊　新勝寺《しんしょうじ》　成田市成田

神様と眷属をなごませる妖精《ようせい》

都市伝説「小さいおじさん」

大宮《おおみや》八幡宮　～東京都杉並区～

東京には小さいおじさんがいる神社があるらしい、という噂はずいぶん前に聞いたことがあります。しかし、都市伝説はただの都市伝説……というものがほとんどなので、検証をしに行きたいと思ったことはありませんでした。

本書はテーマに都市伝説も入っているため、記憶の彼方に吹っ飛んでいた小さいおじさんがひょっこりと意識の中に現れ、ちょっと行ってみようかな、という気持ちになりました。でも、ここだけの話、まったく期待はしていませんでした。

神社の神域に小さいおじさんはいないよなぁ、見たことないしな～、というのが私の考えでした。眷属ではなさそうですし、まさか幽霊ではないでしょうし、となるとその小さいおじさんは一体誰なん？　と思うわけです。

無駄足という言葉が脳裏をかすめましたが、わざわざ取材に行っても「残念でした」

とハズレを引くことはよくあるので、それでも、まぁ、いいかと大らかにかまえて出かけました。

大宮八幡宮はそこそこ大きな神社でした。門の手前に茅《ち》の輪《わ》くぐりがあって、そのあたりからすでに癒やされる境内となっています。その場にのんびりと座っていた人もいましたし、境内にあるベンチでくつろいでいた人もいました。

神様は八幡様で宇佐神宮から来られています。由緒では京都の石清水《いわしみず》八幡宮より勧請をしたとなっていますが、石清水八幡宮から話が宇佐神宮へいき、直接宇佐神宮から来られています。狩衣《かりぎぬ》を着ていたので、生前はかなり身分が高い人だったかもしれません。私には皇族のように見えました。

神様にお話を聞く前に、とりあえず本殿の裏にまわってみました。最初に境内をすべて見ておく、写真を撮っておく、というのはマイルールです。これをしなかったら、神様とのお話で盛り上がった時に、うっかり写真を撮らずに

帰ってしまうことがあるからです。

本殿の裏には若宮八幡《わかみやはちまん》神社が目立つところにあって、その隣に稲荷社がありました。この稲荷社が見事なまでに整頓されているのです。

境内社のお稲荷さんというのは、ほったらかしといいますか、適当に祀られているところがたまにあります。そこまでではないけれど、本殿や拝殿ほどキレイにしていないという神社が多いです。しかし、この稲荷社はキレイですし、狛狐《こまぎつね》や狐の置物もきっちりと置かれています。丁寧に祀られているお稲荷さんなのです。

写真を撮ろうとしたら「挨拶が先」とにこやかにいわれ（余談ですが、他の境内社は先に写真を撮っても何もいわれません。挨拶が先というのはお稲荷さんだけです）、祝詞を唱えて自己紹介をして、ご挨拶をしました。

「小さいおじさんがいるという噂を聞いて来たんです」

参拝の目的をいうと、

「いるぞ」

非常にあっさりとした、でもこちらにしてみれば驚愕《きょうがく》する言葉が返ってきました。

「え？　本当ですか？」

「うむ」

「どこにいるのですか？　表の拝殿のところでは見かけませんでしたが……」

「普段は裏にいる」

「裏？」

お稲荷さんがいう裏とは、この稲荷社の後方にある森というか林というか、木々が茂っている一帯のことです。稲荷社の右手のほうから森の中を見ましたが、位置的に少し見づらく、全体が見えません。見える範囲には小さいおじさんはいません。

そこで今度はお神輿《みこし》が収納されている倉庫のほう（稲荷社の左側）へ行ってみました。するると！　いきなり、本当に小さい「おじさん」が出てきたのです！　そこにあった木の、上向きの葉っぱの上にいます。

は？　本当におじさんやん……と思いながら、ぽかんと口を開けて呆然《ぼうせん》と見ていると、そこに生えていた榊《さかき》の木の、枝がかたまっている葉っぱ（台みたいになっていました）の上を、ぴょ～んぴょ～んとジャンプして飛び移るのです。おじさん姿の存在が……です。

なに？　なに？　このおじさん、なに？　と、初めて見るその姿になぜかあわててしまい、お稲荷さんをお呼びして、詳しいことを聞きました。するとですね、このおじさんは〝森の妖精〟だというのです。

「えええーーーっ！　森の妖精っ！　このおじさんがっ！」

ビックリ仰天しました。おじさん姿の妖精は……見たことがありません。初めてです。というか、ここにしかいないと思います。お稲荷さんの説明によると、このおじさん妖精は進化をしているそうです。

「えええーーーっ！　進化するんですかっ！　妖精って！」

とまあ、いちいち絶叫して驚きました。

おじさん妖精は進化して、それで大きくなっているといいます。たしかに、自然の中にいる妖精からするとサイズが極端に大きいです。普通の妖精は小さくて、フッと消えてしまいそうなくらい儚《はかな》い存在です。透明な感じで見え、か弱いというか、すぐに死んでしまいそうな印象なのです。そして、見えづらいです。

でも、おじさん妖精は一般の妖精に比べたら濃いです。サイズも大きいし、存在がしっかりしています。大きいといっても眷属ほどではありません。15センチくらいです。それでも、他の妖精に比べたら巨大です。

台のようになっている葉っぱの束の上をぴょ～んぴょ～んとジャンプして飛び移り、飛び移りながら徐々に上にいって、高い枝にスチャッと座りました。そこからこちらを見ています。目がバッチリ合いました。

うわぁ。ホンマにおじさんやし……という感想が、口から出そうになりました。おじさん妖精はちょっとハゲていて丸い顔をしています。

「おじさ～ん、こんにちは。おじさんは妖精ですか？」

「おじさ～ん、お話を聞かせてもらえませんか？」

おじさん妖精は何を聞いても答えてくれません。話をしないのです。どうやら妖精は話をしないようです。

ここで本殿にいる神様にお話を聞きました。神様なら詳しいいきさつを知っているだろうと思ったのです。教えてもらった神様の説明を私なりに要約しますと……。

妖精たちは昔から神社の森にいたそうです。人知れず森の奥で木々に囲まれて、木々のエッセンスを浴びたり、日差しを浴びたりしながら、神様や眷属に大事に守られて、ひっそりと存在していました。もともと妖精とはそういうものなのです。

そんなある日（かなり昔です。江戸時代のように見えますが、江戸末期かもしれません。もしかしたら明治時代かもしれないです）、ひとりのおじさんが参拝に来て妖精に気づきました。妖精からすると、自分たちの存在に気づく人はそんなにいませんから、かなり驚いたみたいです。

そのおじさんは優れた霊能力があったのですが、ちょっと変わったおじさんだったそうです。しょっちゅう神社に来て、人間に話すように神様や木々に、時には地面に大声で話しかけたり、日照りが続くと勝手に水と塩を持ってきて撒《ま》いたりしていたそうです。信仰の仕方が独特だったらしいです。

そのおじさんが妖精を見つけて、妖精たちに見えるということを告げました。妖精は自分たちを見つけてくれたこと、存在を知ってくれたことがとても嬉しかったみたいで、喜んだそうです。おじさんはその中の1体を特に可愛がったといいます。

ここで私が驚いたのは、あの小さな妖精を個別に1体1体見ることができた、というところです。妖精はたとえていえば、満開の桜のような感じです。じっくり見れば、1個1個の花が違うということがわかりますし、あの枝のこのへんということで区別することも可能ですが、森の中を飛びまわっている妖精を区別するのは難しいと思います。

けれどおじさんは1体を特に可愛がったということなので、かなり霊能力の高い人だったようです。

可愛がってもらっていたその妖精は、妖精だから人間と話ができません。おじさんに「ありがとう」をいえないし、親しみを持っていることも伝えられないのです。

そこで妖精はそのおじさんの姿をそっくりそのままマネしたらしいです。当時はまだまだ小さいので、本当に豆粒くらいのサイズでした。

おじさんと瓜二《うりふた》つの姿になり待っていたら……おじさんが来て、大爆笑をしました。大ウケしたそうです。その反応を見た妖精は、「この姿になると人間が喜ぶんだ〜」と学習しました。

おじさんが来るたびに姿をマネすると、もれなく爆笑してもらえる、おじさんに喜んでもらえる、人間が喜ぶのを見ると、妖精も嬉しくて仕方ありません。おじさんはますます目をかけて妖精を可愛がったそうです。

この、人間を癒やすという奉仕の積み重ねで妖精はちょっとずつ進化して、サイズが大きくなっていきました。

おじさんは高齢になり亡くなりました。おじさんが来なくなっても、その妖精は時々おじさんの格好で境内にいました。自分だけ妖精の仲間たちより大きくなってしまったので、1体だけ森から出て境内にもいるようになったのです。

見える人が来れば見つけてくれます。そして驚いてくれて、次に笑います。妖精は「この姿でいると、やはり喜んでもらえるんだ〜」と思います。そこで、神社に参拝に来るいろんなおじさんを見て、バリエーションを豊富にしました。

可愛がってくれたおじさんは髪の毛がふさふさだったそうですが、私が見た姿は頭がハゲていました。痩せてみたり、ぽってり太ってみたり、いろんなおじさんに変身をするそうです。

ベンチに座って神様にお話を聞いていたのですが、おじさん妖精は私が見ているのを知っているので、別のベンチの上をぴょんぴょんと飛ぶようにして走り、ぴょーんとジャンプして、隣のベンチに飛び移っていました。

三段跳びか、とツッコミを入れたくなるような感じで、元気に勢いよく動いているのです。そしてまた、三段跳びみたいにぴょーんぴょーんと大幅に跳んでいましたが、急にこちらを見て、ピタッと止まったりします。だるまさんが転んだ、みたいにです。笑わせるコツを知っているのです。

妖精と書いているので、読者の皆様は妖精を思い浮かべているかもしれませんが、頭がハゲている丸顔の小さなおじさん姿です。神社の裏で見た時はメガネをかけていなかったのに、ベンチのところではメガネをかけていました。少し前までの服装はスーツだったのに、ベンチのところではクールビズの格好になっているのです。本当に大爆笑させてくれます。

参拝者の中におじさんがいたら、じーっと観察をしていました。日々研究しているだけあって、小太りでクールビズのちょっと脂ぎったおじさんは妙にリアルです。大爆笑をして、授与所とかそちらを見て、ふたたびおじさん妖精を見たら……今度はマスクをしていました！　お腹を抱えて本気で笑いました。すごく面白いし、楽しいし、可愛いのです。初代おじさんが可愛がっていたという話に納得です。

顔かたちや服、スタイルなどをあれこれ変えて見せてくれます。ちょびヒゲもはやしたりするのです。頭もふさふさにしてみたり、ハゲてみたりして、ハゲたらちゃんとテカテカにしています。

私が本気で笑うと、ものすごく嬉しそうに見ていました。ウケることが喜びなのです。そのへんを走りまわったり、葉っぱの上に乗ったり、木に登ったり、枝に座ったり……その動きやポーズも面白いです。

おじさん妖精が走ったり、跳んだりしているのを私がじーっと見ていると、ふと、こちらに顔を向けます。その瞬間に目が合って、目が合ったおじさん妖精は「小さいおじさん」なので、どうしても笑ってしまいます。

人間は心の底から笑ってる時は……幸せです。楽しくておかしくて、気持ちがやわらいでいます。だから笑いを与えたいみたいです。見える人にしか見えないかもしれませんが、人を幸せにするという奉仕をしているため、神格が上がって、大きくなっているのです。

普通の妖精は小さくて、儚くて、表に出てきません。消え入りそうな感じで森の中にいます。けれど、進化したおじさん妖精は境内をウロウロすることができるのです。

この日、お宮参りで赤ちゃんを抱いている人がいました。おじさん妖精はその人を見つけると、ダダダーッと走っていって、赤ちゃんをニコニコとのぞきこんでいました。ええ、そうです、おじさんの格好で、です。

本当に可愛い妖精です。見ていてまったく飽きません。見ている間はずっと笑っていました。どんなに深刻な悩みを持っていても、見ている間は幸せになれます。

おじさん妖精のおかげもありますが、ここはほっこりする神社です。境内が明るいです。

神様は大きく強く、包容力が半端なくあります。もちろん願いもよく叶います。

お稲荷さんはきっちりしたお稲荷さんですが、厳しいという意味ではなくて、真面目というか、だらしなくない、という意味です。最初におじさん妖精について話をしている時、おじさん妖精を可愛いと思っているようで、お稲荷さんをはじめ眷属や狛狐にいたるまで全員がニコニコしていました。

おじさん妖精は本殿の神様にも眷属にも、境内社の神様にも、みんなに可愛がられています。マスコットボーイなのです。みんなが愛情を持って大切にしています。そして時々、おじさん妖精の行動を見て「フフフ」と笑っているので境内が明るいのです。

神様が笑うため、この神社の空間は柔らかくて、あたたかくなごんでいます。参拝に来た人間はそのご神気に癒やされます。最初に「癒やされる神社だな～」と思ったのはおじさん妖精のおかげだったのです。

素敵な神社ですね。このような妖精がいるんだ～、と知りました。他では見たことがありません。特殊なケースといえます。

私もいろんなところで妖精を見ることはありますが、特別に話しかけたりしないです。そういう存在じゃないからです。自然の中にいて、自由に飛びまわったりしている、小さな小さな妖精は自然そのものという感じです。単体ではなく集団でいますから、団体さんというイメージもあります。

この中の1体に特別に話しかけていたら、進化成長するのですね。初代おじさんの霊能力はすごいと思います。ただの都市伝説だと思って行った神社でしたが、ここで私は大事なことを学びましたし、境内では幸せをプレゼントしてもらいました。見える人が増えて、おじさん妖精にもっともっと進化してもらいたいと思います。

「幸せ」の意味を教えてくれた神様

御《お》岩《いわ》神社

宇宙から波動が見える？

御岩神社を知ったのは読者さんからのメッセージでした。ネットで話題になる前に情報をいただきました。それ以降も時々別の読者さんから「興味があります。行ってみて下さい」というメッセージをもらい、いつか行かなくては……と思っていました。

この神社に興味を持っている人が多いのはこのような噂があるからです。

「宇宙飛行士が宇宙から地球を見たら、光の柱が立っていた。そこがどこなのかを調べたら、御岩神社だった」

ネットには宇宙飛行士が誰であるかという名前まで書かれた情報があったり、その宇宙飛行士が実際に神社に行ったという情報まであり、噂は形を変えながら広く流れているようです。メッセージを下さった読者さんもこの噂を知って「どのような神社なのか見てきてほしい」と思われたようでした。

私は最初にこの噂を知った時、都市伝説だろうと思いました。宇宙飛行士はこのようなスピリチュアルな話を公にはしないだろうと思ったことと（個人的見解です）、仮にしたとしても〝宗教〟建築物、施設である神社の固有名詞は出さないのではないか、と思ったからです。

宇宙から見えたという噂にはそんなに興味は引かれませんでしたが、古くからの霊山だとか、山とセットになっているような神社だというところには興味がありました。

こちらは御岩神社公式ホームページからの引用です。

【当社は創建の時期は不明ですが、縄文晩期の祭祀遺跡の発掘や、日本最古の書の1つ「常陸國風土記《ひたちのくにふどき》」（721年）に「浄らかな山かびれの高峰《たかみね》（御岩山の古称）に天《あま》つ神鎮まる」とされる事から、古代より信仰の聖地であった事が窺《うかが》えます。

御祭神は国之常立神《くにのとこたちのかみ》　大国主神《おおくにぬしのかみ》　伊邪那岐神《いざなぎのかみ》　伊邪那美神《いざなみのかみ》　大山祇神《おおやまつみのかみ》　ほか20柱御岩山総祭神188柱を祀り、中世には山岳信仰とともに神仏混淆《こんこう》の霊場となり、江戸時代に至っては水戸藩初代徳川頼房公により出羽三山を勧請し水戸藩の国峰と位置づけ、徳川光圀《みつくに》公（水戸黄門さま）など藩主代々参拝を常例とする祈願所でありました。

仏像の現存、境内の遺跡、祭事内容など古代信仰（古神道）、神仏習合色が色濃く

残り、「神仏を祀る唯一の社」として、他の神社、寺院に見られない独自の信仰を伝えております。】(ルビ編集部)

創建は不詳ですが、1300年前に書かれた「常陸国風土記」にも記載されるほど、古くから信仰されている霊山のようです。

御岩神社 ～茨城県日立市～

大鳥居をくぐると、そこから少し坂道になっているまっすぐの参道を上っていきます。空に向かって高くしゅーっと伸びた木が参道の両脇にずら～っと並んでいて、歩く人間を癒やしています。大変気持ちがよくすがすがしい参道です。

楼門を過ぎたあたりから聖域感が徐々に増していきます。波動の高い神域で、横を流れる小川の聖水度も上流に行くほどアップしています。「江戸時代の絵図」という当時のイラストマップの案内板があって、可愛い社殿のイラストにほっこりしました。

まず見えてくるのは「斎《さい》神社」です。神社となっていますが、中には阿弥陀如来坐像と大日如来坐像が安置されているそうです。私が参拝した日は扉が閉まっていたので、残念ながら手を合わせることはできませんでした。

この建物の周囲にはたくさんの小さな石仏が置かれています。苔むしたものも多いのですが、なんともいえないあたたかくて優しい雰囲気を醸し出しています。ひとつひとつ見ていくと、どの石仏にも歴史があり、ゆったりとした時間が刻まれていました。

建物の右側にある岩の上には、石でできた牛、熊、猫、狐の置物が置かれていました。可愛らしいデザインなのでこちらはなごんだ気持ちになります。お地蔵さんも何体かあって、仏様ワールドになっていました。

そこから石段を上ると御岩神社の拝殿があります。社殿は比較的新しいのですが、神様は山岳系ですから山のほうにおられます。文字通りの拝殿なのです。かびれ神宮（奥宮《おくみや》）や山頂まで行かない人

は、ここでお話をします。山と太いパイプでつながっている拝殿となっているため、ここでお話をしたことはすべて山にいる神様に届いています。

拝殿の右には「元御岩山結界石像　姥神《うばがみ》」と書かれた祠があります。中には小さな石仏が安置されていました。昔は御岩山も女人禁制だったようです。

山に登る前に「これから山頂まで登りますので、守って下さい」とご挨拶をして、降りてきてから無事に戻ってこられたお礼を言いました。お礼を言った瞬間に、ほんわか～とても嬉しそうなお顔になっていました。

社殿の右奥には稲荷社があります。お稲荷さんなのに狛狐ではなく、大黒さんとえびすさんが置かれていました。お社は小さいのですが、お稲荷さんはすごく気さくな性質で、眷属たちも陽気でとても明るかったです。人間と話すように、普通に世間話ができるお稲荷さんでした。参拝をすると心がやわらぐ稲荷社です。

拝殿エリアの左側から山に登りました。山頂までの所要時間は30分程度なので、そんなにしんどい登山ではありません。神様は前述したように山岳系で、このあたり一帯の山々にいる神様でした。

神様にまず何を聞いたのかといいますと、もちろんこれです。

「宇宙飛行士が宇宙から地球を見たら、光の柱が立っていて、それがここだったという噂があるのです。神様は宇宙に向かって何かを発するというか……宇宙から見えるように何かを放出しているのですか？」

するると、神様は楽しそうに笑いながら、

「フェイクニュースというのか？」

と、まずこの言葉を確認してきました。横文字です。参拝者の誰かが手を合わせてこの言葉で質問をしたのだと思います。もちろん意味はご存じですが、会話を楽しむために口にされているのです。さらに、そうであることを私に強く印象づける意味もあったと思います。

「はい！　そうです。事実と異なる情報はフェイクニュースといいます」

「それだ」

クスクスと笑っている神様を見ているとわけもなく嬉しくなり、気づくと私も笑顔になっていました。光の柱については神様が否定をしたので、もしも……宇宙から見えたのだとしても、それは御岩神社ではありません。

優しそうなおじいさんっぽい雰囲気の神様です。ゆったりとした大らかさがあります。次は何を聞こうかな？　何がいいかな？　えーっと、えーっと……と悩んでいたら、神様がニコニコと、

「多くの神社で質問をしているから、聞くことはもうないのではないか？」といいます。実はそうなんです……でも、せっかくだから何かお話を聞かねば……と思い、質問をう〜んう〜んと考えていると、

「まずは山の恵みを受け取りなさい」

そういって神様は一旦姿を消しました。

この日は最高のお天気で木々の新緑が美しく輝いており、川を流れる水は清く心地よい音を奏でていました。

私は以前、ウグイスは「ホーホケキョ」を練習しているだけだろうと思っていました。違うのですね。これは癒やしを与えてくれているそうです。たしかに、山登りでしんどい時に聞くと、ふわぁ〜っと癒やされます。元気になります。もちろん、練習をしているウグイスもいますから、「可愛いな〜、ウフフ」と微笑むこともあります。ウグイスは山や、山に入った人間に奉仕をしているのです。爽やかに響くホーホケキョをありがたくいっぱいいただきました。

山が自然をものすごく喜んでいるのが伝わってきます。神様の雰囲気そのままの山なのです。そこで私は山が喜んでいる感覚や大自然の生命のきらめきなどを享受して、山に溶け込むような自分をイメージしました。それにより心身ともに深くリラッ

クスすることができて、完全に落ち着きを取り戻しました。

そこからは、取材だから何かいい話を聞かなければとか、読者の皆さんが知りたいことを質問しなければというプレッシャーからも解放され、世間話のように自分が話したいことを話し、聞きたいことを聞きました。

新型コロナの話も聞きました。

「日本は欧米に比べて感染者は少ないのですが、どうして今、こんなに感染が広がっているのでしょうか？」

「それは意味があって広がっている……と思っている聞き方だな」

「意味なく広がっているのですか？」

「そうだ」

この話をしている時、道の横には川が流れていました。さらさらと流れている水で説明をしてくれます。小川を流れている水の量はそんなに多くありません。これが通常の量です。水は山から流れて来ます。山に大雨が降ると川の水量も大幅に増えます。

この現象は当然の結果としてそうであり、必然です。雨がたくさん降れば水が増えるのは当たり前なのです。神様が水を増やしているのではありません。

新型コロナウイルスもそれと同じだといいます。感染した人があちこち出歩いて、マスクもせずに菌を多く撒き散らせば、免疫を持っていない人にうつるのは必然です。感染者は増えてしまいます。

「神様は生物を殺さないいんですよね？」

そうだといいます。神様がウイルスを特別に守っているということではありません。人間にとって悪い相手だからといっても、ウイルスはウイルスで生きています。新型コロナウイルスを殺すのなら、他の動物にとって悪い相手になる生物も全部殺さなければなりません。

人間だけのためにこの地球があるわけではないのです。生き物はすべてみんな一生懸命に生きている、とのことです。ですから、ウイルスを殺すとか全滅させるのではなく、神様は感染しないようひとりひとりを守っています。

神様といろんなお話をして、耳が痛いこともいわれました。人間は「持っている人」と自分を比べ、自分がその人より「持っていない」となると、運が悪いとか、ついていないとか、嘆く傾向にあるというのです。その考えを捨てて、自分だけを見たら、いいものをたくさん持っているのに……幸せなのに……というお話でした。

その話題から、幸せってなんだろう？　と思いました。読者さんから届く、つらい出来事のお話を読むといろいろと考えさせられます。伊勢神宮内宮の神様は人間をみんな幸せにしたいといっていましたが、幸せは手でつかめるものではないし、実体を知ることは難しいです。

眉間《みけん》にシワを寄せて考えていたら、神様が質問をしてくれました。

「幸せではない、とは、どのような状態だと思うのか?」

「えっと〜、人に騙《だま》されてお金を失い、好きな彼氏にもふられて、同棲解消で引っ越しもしなければいけない、というのは幸せじゃないと思います」

「その状態を幸せではないと思うのは人間だけである」

えええええーっ!　どういうこと?　どういうこと?　と思いました。

「どう考えても幸せじゃないと思います」

神様は……お金が減ったことで、もっとしっかり稼いで貯《た》めよう!　と決意し、違う職についてバリバリ働き、大成功をつかむ人生の予定かもしれないぞ、といいます。それがきっかけで大金持ちになる道を進むわけです。

彼氏にふられたのは、その半年後にソウルメイトと出会う予定かもしれないというのです。もしも、その彼氏と別れなければ、たとえソウルメイトと出会ってもつき合わないはずです。さらに彼氏がふってくれなかったら……もしも、自分からふっていたら、ストーカーをされていたかもしれません。

ソウルメイトと出会って幸せになるためには、先に彼氏と別れておかなければいけないのです。つまり、別れたことは不幸せではない、というわけです。

これを不幸せだというのなら、今の彼とつき合い続けることが幸せとなります。ソウルメイトと出会って一生をともにした時の最高の幸福よりも、今の彼と付き合い続けることのほうが幸せということはありえません。

お金もそうです。減った時に不幸せだと嘆くと、減らないその状態がいい、ということになります。たとえば1億円になったら、100万円の貯金を持っていたとして、減った悔しさで頑張って成功し、貯金が1億円になったら、そっちのほうがよいのではないか、と神様はいうわけです。1億円を貯める人生にシフトするには「減る」というきっかけが必要なのです。その減ったことは不幸せなのか？　となります。

あれがあるから今がある、というのはどなたの人生にもひとつはあるのではないでしょうか。私にはたくさんあります。たとえば1回めの離婚です。離婚することを「不幸せだ」と考えて、離婚しなかったらよかったのか……といえば、いや、絶対に離婚したほうがよかったです、といえます。これがのちの人生を大きくひらき、ソウルメイトにも出会えたからです。

人間は「つらい」という気持ちになったら「不幸」だと嘆きます。でも……そうではないことが多々ある、とのことです。

「でも、大怪我をして生死をさまようとか、火事になってすべてを失うとか、そういう不幸せはあると思うのですが……？」

それは、悪霊に取り憑かれたり、「魔」の落とし穴に落ちたりすることで発生するのだ、と神様はいっていました。明らかな不幸は悪霊や「魔」の落とし穴のせいなのです。

それを聞いて、ふと、悪霊や「魔」の仕業以外で、「不幸」というものは存在しないのではないか？　と思いました。

「その通り」

神様は涼やかに笑っています。つまり、自分で考える不幸は、本人が満足しているか、していないかの問題のようです。自分はコレを持っていない、アレもない、というように持っている人と比べた時の自分の所有物（たとえばお金、彼氏や彼女、結婚しているかどうか、美人かどうか、役職についているかどうかなど、他にもいろいろなもののことをいっています）の少なさで不幸かどうかが決まるわけではないのです。

本人が満足している「幸せ」、満足していない「不幸」という、本人の気持ちを本人がいっているわけです。

私は以前、ひとりで旅行していることを夫婦で来ていた年配の女性に、「ひとりで来たの？　まぁ、かわいそう」といわれたことがあります。別の旅行先でも同じことをグループで来ていた同じ年代の女性にいわれました。その人たちから見たら、ひとりぼっちで旅行に来ている私は「幸せではない人」なのです。

けれど、当の本人の私は貧乏で旅行に行けない時もあったし、行けること自体が幸せであり、神様や仏様にも会えるし、幸福感に満ちていたのです。ひとりぼっちなんて、へっちゃらどころか、なんの問題もありません。

自分が満足しているかどうか……そこが幸せか不幸かの違いなのです。

ひとりぼっちで旅行をしてきなさいと100万円の大金を渡されたら、さきほどの年配の女性2人にとってはこれは不幸です。でも私だったら、100万円ももらえて旅行もできるのですから、スキップするくらいの幸せです。まったく同じ人生でも幸せだと思う人と、もっと上を見て不幸せだと思う人がいます。

どう考えるのかは本人の自由ですから、神様は幸せだと思いなさいといっているわけではありません。もうちょっと自分の人生をよく見てはどうか、といっているのです。

しっかり考えてみても「不幸です」と思えば、その人は不幸なのですから神様も認めてくれます。もちろん、その不幸から抜けられるようサポートもしてくれます。

山頂には巨大な岩があって、その岩も周辺もパワースポットでした。海抜530メートルの山ですが、もっと高いのでは？　という雄大な景色が眼下に広がっています。山頂からは空も近く、雲が龍の顔や、ちょっと変わった眷属の姿、犬などに姿を変えて流れていくので、なんだか劇場で催し物を見ているみたいで楽しかったです。

宇宙から光の柱が見えたと噂になる神社だということがよくわかりました。神様が素晴らしいのです。神格が高く、人間を慈しむ気持ちが強いです。山岳系でありながら、相談にものってくれるという親切な神様です。

山頂はパワーあふれる聖域です。質のよい高波動をたくさん浴びることができますから、登れるという人は山頂まで行くことをおすすめします。

「魔」のスポットもある都市伝説

本所七不思議

雷門
浅草駅
吾妻橋
とうきょう
スカイツリー駅
墨田区役所
東京
スカイツリー
田原町駅
浅草駅
駒形橋
本所吾妻橋駅
台東区
大横川親水公園
JT
蔵前駅
厩橋
ばかばやし
(本所中学校付近)
蔵前駅
隅田川
墨田区
送りちょうちん
(法恩寺付近)
蔵前橋
落葉なき椎
(旧安田庭園)
横網町公園
消えずのあんどんと
津軽の太鼓
(緑町公園付近)
両国国技館
両国駅
江戸東京博物館
両国駅
小さい緑町公園
総武本線
両国橋
片葉のあし
(両国橋付近)
竪川
大横川
浜町駅
浜町公園
新大橋
森下駅
菊川駅
中央区

本所七不思議とは

本所七不思議は江戸時代から語り継がれてきた怪談っぽい7つのお話です。江戸時代の都市伝説といってもいいような内容で、誰かが見た、誰かが聞いた、というような噂話や怪談は昔からあったようです。一応、怪談というカテゴリになっていますが、そんなに怖くはありません。

舞台となっている墨田区役所のホームページから引用します。

【本所の七不思議

◉置いてけ堀

一説に錦糸町駅付近にあったといわれ、夕方釣り上げた魚を持って立ち去ろうとすると、堀の中から「置いてけ、置いてけ」と怪しげな声が聞こえたそうです。

◉ばかばやし

夜半に耳をすますと、遠く、あるいは近くお囃子（はやし）が聞こえてきますが、どこで奏でているのか確かめられなかったそうです。

◉送りちょうちん

夜道で前方にチラチラとちょうちんの明かりがみえ、近寄るとパッと消えてはまた前方に現れる。無気味なちょうちんです。
◉落葉なき椎《しい》
隅田川べりの松浦家の椎の木はよく繁っているのに、どんな時にも落葉したことがないといいます。
◉津軽の太鼓
大名屋敷の火の見やぐらでは、板木を打つならいでしたが、南割下水近くの津軽家に限って太鼓を打つことが許されていました。
◉片葉のあし
両国橋近くにあった入堀に生えるあしは、不思議なことにどれも片側しか葉がでなかったそうです。
◉消えずのあんどん
南割下水のあたりに毎夜出る二八（にはち）そば屋のあんどんは、一晩中ともり、消えたのを見た者がない、ということです。】（ルビ編集部）
どこが「怪談」なのですか？　と思われた方が大半だと思います。私もそう思いました。そんなに怖くないし、「津軽の太鼓」をこの中に入れてもいいの？　と思ったくらいです。

この本のテーマは結界とか都市伝説とか図形を含むミステリースポットです。本所七不思議はテーマに合っているので、取材に行ってもいいかもと思いました。普通の心霊スポットだったら絶対に行きませんが、江戸時代の都市伝説ですし、内容も怖いものではないため、悪影響はなさそうです。

しかも私は「幽霊を見ない」という強い意志を持っていますから、よほどうっかりした時でなければ見ることはありません。ということで、昼間に行っても意味がないので、ある初夏の夜……ひとりで取材に行きました。

置いてけ堀　～錦糸堀公園付近～

怪談の取材なので、真っ暗にならなければ雰囲気がわからないだろうと、夜の8時にスタートしました。錦糸堀公園から7地点を歩いてまわるコースで、約2時間の予定です。

錦糸町駅の周辺は夜8時でもにぎわっていて、すぐ近くのショッピングセンターの明かりがこうこうとしていました。明るい駅前ですし、たくさんの人が行き交っていて、怪談とは無縁の世界でした。

駅から歩いて6～7分で錦糸堀公園に到着します。小さな公園です。ベンチには高齢の男性2人が座っており、飲み物片手に会話をしていました。別のベンチには会社帰りっぽい女性がいて、スマホをさわっていました。周囲には飲食店があるため、明かりがないような暗い公園ではありません。

公園の一角には置いてけ堀の説明が書かれた立て看板と河童《かっぱ》の像がありました。人通りが少ないわけでもないし、まだ夜の8時ですし、状況からいえば怖くないです。

しかし……ここはなんともいえず怖かったです。

ベンチには男性2名と女性もいるのです。なのに、ひたひたと恐怖が襲ってきました。江戸時代の堀など、当時の光景は一切見えませんでしたし、幽霊もいませんでした。なのに、得体の知れない怖さがあるのです。ひ〜え〜、ここには長くいたくない！　と心の底から強く思いました。

見るだけ見たし、写真を撮ったらさっさとここから去ろう！　とあわてて写真を撮りました。この土地の上に長くいたくないと思ったのは、昔のこの場所がよくなかったようで、土地にその「気」が残っているのです。

処刑場とか死体を捨てた場所とか……そのルーツは江戸時代よりもかなり古いようです。というのは、幕末のマップではここはお屋敷になっているからです。

「私、その近所に住んでいるんですけど〜」という方は、意識を現代から動かさなかったら大丈夫です。現代の街を見ていれば何も怖くありません。

こういうところでは過去に意識を合わせることがよくないのです。今回の取材のように、江戸時代の怪談を探る場合、現代の街を見ていただけでは何もわかりません。ですから、私は過去の時代に意識を合わせ、さらに、幽霊や妖怪、悪霊などがいる……怪異が起こる世界に霊感のアンテナを向けました。

こうすることで禍々《まがまが》しいことがあった過去の時代と、幽霊を見る次元といいますか、怪奇現象が起こる世界、2つ同時につながれるわけです。ここまでしなければ大丈夫です。ただ、よい場所ではありませんから、夜ここを通る時は足早に通り過ぎたほうがいいです。

写真を何枚か撮ったのに……なんと！　1枚も残っていませんでした。本には私が撮った写真を載せるため、どうしても1枚はほしいところですが……もう一度夜に行くのは遠慮したいので、写真はないままです。

送りちょうちん　～法恩寺《ほうおんじ》付近～

夜、怪奇現象が起こる世界にアンテナを向けたまま歩いていると、なまぬる～い風が体のまわりを巻くように吹いたりします。なんともいえない幽霊の気配が寄ってくるのです。幽霊の世界とリンクをすると、そこにいるものが私を感知するからです。

送りちょうちん自体は怖い話ではなく、スカイツリーを見ながら歩いていたのですが……「うわ！　やばいやん。ここから先が異常に暗い」というところがありました。「場」が暗いのです。

そこは避けて歩き、遠まわりをしてお寺に到着しました。それからお寺のまわりを一周しました。お寺は仏様の結界が張られているので、なんということはないのですが、周辺は……というか、私のまわりは怪談の世界を感じずにはいられない、湿気じっとりの重たい風がびゅうう〜っと吹いていました。出そう！　と

いう雰囲気なのです。

江戸時代のこのあたりは幽霊がわんさかいたのでは……と思いました。おどろおどろしい「気」なのです。そういう土地なのだろうか？　江戸時代よりももっと前の時代がよくなかったのかもしれない……と思ったのですが、細かいところまで見るのはやめました。

ただ、現代の地に幽霊はいません。スカイツリーも美しかったです。

ばかばやし　～本所中学校付近～

お囃子がどこからか聞こえてきても怖くないよなぁ……と思いつつ行ったのですが、ここはまったく何も感じませんでした。怖くもなかったです。普通の住宅地でした。

それなのに……写真が異様なブレ方をしたのです。ものすごく大きくブレていて、写っているのは目の前にあった景色ではなく、なにやら白くて大きな「物体」でした。怪しいブレ方で写っていたのです。ああ、これは持っていたらヤバいやつだ、ということで、あわてて削除しました。

現場はまったく怖くなかったのに……その写真を見た時は背筋が凍ってゾーッとしました。

撮影したのはスマホです。落とさないように両手でしっかりかまえて撮影しますから、ブレるといっても普通はわずかです。スマホを使うようになって10年になりますが、あんなに異常なほど、見てもよくわからないほどブレたことは一度もありません。ここで、幽霊の世界にリンクしたまま夜に歩くのは危険かも？　と思いました。いろんなものを引きつけているようでした。

消えずのあんどんと津軽の太鼓 ～南割下水碑があるところと緑町公園～

どちらもまったく怖くありませんでした。広い場所だし、明るかったからかもしれません。人がちらほらいたおかげもあると思います。怪談の内容が怖くないからという心理的なものもあるかもしれないです。

全然、怖くないじゃ～ん、と思いつつ、マップを見たら「緑町公園」は線路の向こう側にもあります。取材ですから、そちらも一応見ておくべきだと行ってみました。

すると、高架になっている線路の下が……怖い！　のです。大きな緑町公園から行くと、高架下の右側はお店になっていて明かりがついているからか、こちらはまだ大丈夫なのですが……左側は危険なほどの妖気が漂っていました。絶対に歩いたらあかんとこやん……とビビりながら、右側の端を歩いて高架をくぐりました。

もうひとつの小さな緑町公園は……怪談の舞台はこっちじゃないの？　というくらい恐怖が襲ってくる公園でした。怖くて公園に近寄れません。写真だけを撮って、逃げるように高架下を通って戻りました。

このあたりは夜に行かないほうがいいです。私は「見てしまう！」と思った瞬間にアンテナのスイッチを切っているため幽霊は見ませんが、うっかり通ったら見てしまう人もいると思います。

近づいたら危険なところは、乗っかられる可能性があるので行かないほうがいいです。ここで本所七不思議を夜に検証するのは無謀だった、とちょっぴり後悔しましたが、残りはあと2ヶ所なので我慢です。

過去の時代と幽霊世界に同時にリンクしたらあかんやん……と声に出していいながら、次へと向かいました。

落葉なき椎　～旧安田庭園～

ここもまったく怖くありませんでしたが……手前の公園が、もう、本当に涙が出そうなくらいヤバかったです。

公園にさしかかったところで、いきなりなまぬる～い湿った、重たい風がびゅうぅ～っと吹き荒れました。それまで風は一切吹いていなかったのです。本当にいきなりの強風でした。

その風が吹き始めたら、公園内の公衆トイレのドアが、こちらも急にバターン！　バターン！　と風で音を立てていました。私が横を通る時にいきなりそうなったのです。ピッタリのタイミングでした。

幽霊の世界とつながっている人間がそばを通過すると、やはり向こうの存在にはわかるのです。

そして……こういう時、幽霊たちはわざと怪奇現象を起こして注意を引こうとします。その理由は、人間は怖がると心の中が幽霊でいっぱいになるからです。そうなると幽

霊の波動と同調しやすくなります。同調すれば何体もの霊が一気にどーんと乗っかることができるので、幽霊たちにとって好都合なのです。怪談話をしている時に音がしたり、明かりが消えたりするのも同じ理由です。

片葉のあし　～両国橋付近～

ここは夜に行ってはいけないところです。

正確な場所は両国橋ではなく(両国橋は夜に行っても大丈夫です)、橋のたもとから少し下がったところです。ここは強烈におどろおどろしい世界であり、不気味でした。どんよりとした空間で、魑魅魍魎《ちみもうりょう》が押してくるような、変な圧迫感があります。

隅田川の水面を見ると……古い時代からこの川に沈められた多くの人が見えました。それはもういっぱいいるのです。江戸時代だけじゃなく、その前からです。この川で殺された人はたくさんいるのだな、と思いました。

川の横に作られた遊歩道を歩いてみたら、なんともいえない重苦しさがあたりを包んでおり、異次元への入口がぽっかりと口を開けているようでした。

しかも妙な音がするのです。周囲に人はいなかったのに、写真を撮っていたら人が通る音がしたり、カタカタと私のリュックの中から音がします。さすがにこれにはゾッとしました。音がするものなんか入っていないのです。私は写真を撮っていて動いてもいないのに、何回かカタカタと音が鳴っていました。

ヤバいかな、ヤバいな、かなり大勢が取り囲んでいるなと思い、急いで来た道を戻ります。水面が危険なくらい不気味な動きをしていました。水死体が浮かんできそうな雰囲気なのです。気合を入れていなければうっかり幽霊を見るよなぁと、とにかく橋のたもとまで戻ろうと早足で歩きました。

殺された人たちの念が人の姿となって水面にたくさん浮かんでいます。夜の川は幽霊が集まりやすいのですが、どうしてここまで殺された人の念が集まってい

るのだろう？　という疑問もありました。

この場所だけ心霊スポット度が異常に高かったです。説明では、【両国橋近くにあった入堀に生えるあしは、不思議なことにどれも片側しか葉がでなかったそうです】というもので、そんなに怖いものではありません。

川のそばだからかな？　と思いながら、川の遊歩道から狭い道に入ったら、そこに立て札のような案内版がありました。何気なくそれを読んで……血の気が引きました。

【片葉の葦《あし》

駒留橋《こまどめ》が架かる入り堀に生える葦は、同じ方向にしか葉を出さなかったことから、片葉の葦と呼ばれていました。入り組んだ地形の風の吹き込み方が影響していたと考えられますが、当時はそれが、本所七不思議の一つとされていました。

その由来は…

昔、本所横網町に住んでいた留蔵という男が、三笠町のお駒という娘に惚《ほ》れました。留蔵はお駒を自分のものにしようと、あの手この手で近づきますが、お駒は一向になびきません。腹を立てた留蔵は、お駒を殺害し、片手片足を切り落として堀に投げ込みました。それ以来、ここに生《は》える葦は、すべて片葉になったというものです。

当時、葦は吉原の語源となるほどこの辺りにはたくさん生えていました。】（ルビ編

集部）

ひ〜え〜！　なるほど、それでここには川で殺された人の念がたくさん集まっていたんだな、とわかりました。史跡というか、観光ポイントというか、そのように保存した状態なのでお駒さんの一件が土地に刻まれているのです。

刻まれているせいで、ずっとその殺人の波動というか、その時の「気」みたいなものが消えずにあるのです。するとその低い波動に呼ばれて霊が集まり、どろどろした念が水の底から浮き上がってきているのでした。

ここは興味半分で〝夜〟に行かないほうがいいです。大勢の幽霊を乗っけることになりかねません。昼間は太陽が出ているので大丈夫ですが、夜はやめておくことをおすすめします。

夜に心霊スポットに行くことは

ここで7ヶ所をすべてまわり終え、やれやれ、やっと終わった、もう心霊スポットをまわらなくていいとホッとしました。錦糸堀公園からここまで来る間に、幽霊の世界にアンテナを向けたまま、つまり、幽霊の世界にリンクしたままだった私は、自分が考えている以上に霊を憑けていたようです。

お坊さんが唱える不動明王の真言と般若心経が入ったCDをかけて、幽霊を落としながら歩こう……と思った時でした。まったく何もさわっていないのに、スマホのシャッター音が、カシャ！　カシャ！　と2回鳴りました。驚いて見てみたら、なんと！　写真を撮っているのです。

ひ〜！　怖っ！　さわっていないのになんでっ！　これはヤバい、ヤバすぎる……と、スマホに入れているCDのお不動さんの真言のところをタップしました。周囲にいるものをとりあえず散らさなければ、と思ったのです。通常ならすぐに真言が始まるはずです。

それなのに……ラジオが立ち上がって、ラジオの音声が流れ始めたのです。

ひぃぃぃぃぃ〜！　なんで？　なんで？　しかもラジオ、どうやって止めるねん！と、あたふたしました。この時、久しぶりにあたふたしたといいますか……取り乱しました（笑）。

そこからは必死で不動明王真言と般若心経をスマホから流し、私も一緒に唱えました。この2つを繰り返し繰り返し唱えたのです。すれ違う人にチラッと見られたりもしましたが、そんなことは気にしていられません。

1体だけの幽霊ではなかったので、家までついてこられたら大変です。CDのお坊さんとともに真言を唱えながらお不動さんを呼んだら、大きな体で来てくれました。そして剣で私の背中を祓ってくれたのです。そこで不気味さや重苦しさやなんともいえない不快感が一瞬で消えました。

最後の場所は川があったので幽霊がたくさんいるのは当然ですが、他のところでも幽霊の世界にリンクしていると、霊が寄ってきます。東京は戦争で亡くなった人が多いからでしょうか、他の土地よりも幽霊が多いように思います。

本所七不思議を夜にまわるのはやめたほうがいいのですが、行ってみたいという方は幽霊の世界とつながると危ないので、そちらの世界と、過去に意識を持っていかないようにしたほうがいいです。過去に意識を持っていくと、江戸時代だけではなく戦時中ともつながったりします。

常に現実の街を見て、現代に意識を置くことが大事です。そこから意識を動かさないようにします。そしてヤバいと思ったら迷わずCD（お坊さんが唱える真言とお経が入っているものをおすすめします）を利用し、7ヶ所をまわり終えたら不動明王真言と般若心経を流しながら、自分に憑いているものを祓い落として帰ります。

東京は夜に歩かないほうがいいというところが多いです。他の地域に比べ、いろんなものが土地の下に眠っているのです。京都もそうなのかもしれませんが、私は京都を夜に歩きまわったことがないので、京都のことはわかりません。

お墓を更地にする時に正しく処理をしていない、魂抜《たまぬ》きもせず取り壊したお堂がある、井戸の脇に神仏を祀っていたのにこちらも魂抜きをせず埋めている、いろいろな念が渦巻く吉原のようなところだった、罪人が処刑されたところだった、そういう場所なのに今はもうそれがわからない……というのが少なくないのです。ですから、東京の夜の散歩は気をつけたほうがいいです。

昼間は太陽が照っているので、そのような場所を歩いても問題ありません。でも夜は「魔」の勢力がうわーっと強くなっているところがあるので、軽く考えるのはよくないです。

東京は現在も、江戸がいい意味でも悪い意味でも息づいています。これが東京なのだと思いました。

意識を合わせない大切さ

これは去年の経験です。夕方だというのに、山の奥にいくつかの石を見に行ったことがあります。こじんまりと観光用に整備はされていましたが、まったく有名ではないところです。

着いたのは午後3時45分くらいでした。車を降りる時に、なんだか暗い場所だな、と感じました。深い山の中だし午後4時近かったので、「う〜ん、ヤバいかも？」という思いはありましたが、ま、大丈夫だろう、と見に行きました。

石が置かれているエリアの入口には簡単な鳥居が作られているし、小さなお社（最近作られたようで新しかったです）もありました。しかし、神様はいません。石にパワーもなく「？」と思いつつも、観察していると……視界の端に、何かがぴょんぴょんと走りまわっているのが映りました。

え？　とよく見たら、なんと！　邪鬼なのです。周囲のあちらこちらに何体か小さな邪鬼がいました。「は？」と、目が点になりました。人間が時々来るようなこんな場所になんで邪鬼が？　という違和感もありました。

邪鬼は人間に興味があるようで、私に話しかけようとするのですが……逢魔《おうま》が時《とき》です。しかも、仏様のいない空間であり、相手は仏様に押さえられていないフリーの邪鬼なのです。これは本格的に危ない、とひたすら気づかないフリをして歩きました。

このあたりは昔、お不動さんが祀られていたようです。そのお不動さんがいつ処分されたのかはわかりませんが、それまではお不動さんが邪鬼を押さえていたみたいです。ここに邪鬼がいることを知った昔のお坊さんがお不動さんを開眼《かいげん》して、封じ込めたのかもしれません。悪いものをしっかりと押さえていたお不動さんを処分したので、邪鬼が自由になっていたのでした。

日はどんどん陰っていきます。あわててお不動さんの真言を大声で唱えました。真言の効力で邪鬼はそばに寄ることができないため、距離を取っていますが……ついて来るのです。

「ひぇ〜〜〜！」と、焦りつつ車に乗り込むと、邪鬼たちは車を取り囲んでじっとこちらを見ていました。数えたら13体、小さな邪鬼が車の周囲にいました。

奥深い山の中ですし、車は1台も通らず、もちろん人もいません。封じ込められていた時にお不動さんに厳しくされていたのか、邪鬼たちはそんなに悪い存在ではなかったのですが、邪鬼ですから、そこは甘く考えてはいけません。

山の奥深いところはやはり夕方に行くもんじゃないな、と改めて思った出来事でした。

邪鬼の場合は意識を合わせなくても出てきましたが、このようにいろんなところにいろんな存在がいるのです。山の奥深いところ、合戦場（特に首実検をした場所）、多くの人が亡くなった場所などは特に注意が必要です。

そのような場所では過去に意識を合わせないほうがいいです。現在はそこに行っても大丈夫、なんの問題もありません、というところでも、その場所の〝良くない過去〟に意識を合わせると同調してしまうことがあるのです。

たとえば、殺人が多くあったような場所だったら、意識を合わせてしまうと殺人の低い波動をもろに受けます。体調が悪くなる人がいますし、その悪い影響がしばらく続くという人も中にはいます。

この「過去に意識を合わせる」とは、どういうことかといいますと……当時に思いをはせる、つまり、ここでこのようなことがあったのだなぁ、その時に亡くなった人はどんな気持ちだったのかな、というふうに深く考える、イメージをともなって〝集中して考える〟ということです。

たとえば、本所七不思議のお駒さんの場合、ここから川に捨てられたのかなと考えたり、ここで斬られたのかな、痛かっただろうなと思いをめぐらせ、斬られた時の苦しみはいかばかりかとか、死んだあとの絶望感はどれほど深かったのだろうとか、お駒さんの身になって……それを自分のことのように〝想像する〟と、入り込んでしまいます。

思いっきり入り込んでしまうと意識が時空を超えて、お駒さんが斬られる瞬間につながってしまうのです。そうすると、その時にその場にあった強い〝念〟の影響を大きく受けてしまいます。敏感な人は体調か、心に影響が出ます。

ですから、過去に悲しいことがあった場所では、極力、意識を過去に持っていかないことが大切です。

自分がその場にいてすぐそばで見ているような、過去のその場所に顔を出す感じで見る……このように想像することは「積極的に意識を合わせる」ということになります。そうすることで同調してしまい、その時そこにあった低い波動をしっかりと受け取ってしまうのです。

東尋坊《とうじんぼう》のような自殺の名所ではあるけれど、土地はパワーを持っているという、正反対の影響があるようなところは、どこに意識を置くのかで受け取るものが違います。

自殺の名所だから「怖い」とか、「ここから身を投げたのかな」とか、そちら側に意識を合わせてしまうと、パワースポットの良い影響ではなく、自殺の名所であるほうの影響を受けます。そこで身を投げた人の、その時の気持ちを受け取ってしまい、精神的なダメージを受ける可能性があるのです。そうなると、しばらくしんどい思いをします。

そうではなく、パワースポットであることだけを考えて、パワーがある土地に意識を合わせます（こういう時は地球の地殻という感じでとらえると合いやすいです）。

私は昔遊郭《ゆうかく》があった場所で、うっかり意識を合わせてしまって猛烈に気分が悪くなり、倒れそうになったことがあります。過去にいろいろな濃い、どろどろした思念がたくさんある場所も注意が必要です。

過去に悲惨なことがあった場所を見学する時は、現在のその場所をさらさら〜っと見る、写真をさらりと撮るだけにします。いろいろと深く考える、意識を合わせるようなことは、その場所を〝去ったあと〟にします。

過去に意識を合わせないほうがいい場所というのは意外とあるので、「ここはよくないことがあった場所だな」と思ったら、意識は現代から離さないようにします。

第4章　最新の神社情報

それぞれの方法でサポートをしてくれる
おすすめの神様

阿智《あち》神社 ～岡山県倉敷市～

本殿が素晴らしい！　と見た瞬間に思いました。建物が荘厳な雰囲気という意味もあるのですが、大切に信仰されてきたという歴史の重みが見えない世界にずっしりとあり、神様の力が光として明るく光っていました。

さらに、なんだか堂々とした本殿だな～、という感想を持たずにはいられない、神様の性質が反映されていたのです。

本殿にもしめ縄が飾ってあって、こちらも珍しいです。境内社もたくさんありました。どのお社も陽気な感じですが、とにかくご祭神の存在感が半端ないのです。威風堂々としたオーラを放つ大きな神様の印象です。もともとこの土地にいた氏神様とかそういう神様ではありません。でも、山岳系神様でもないのです。

どの系統なのだろう？　と考えながら境内の写真を撮っていたら、

「海を渡って来た」

と、神様がさらりといいます。でも、お姿は見せてくれません。

海？　それって大陸から来たってことかな？　でも大陸から勧請されて来たにしては赤神《あかがみ》とは系統が違うし、自分で来たとしたら……龍神？　とあれこれ思いをめぐらせました。姿は見えないのですが、明らかに人の姿ではないのです。

龍かな？　と思っていたら、そこで神様が姿を見せてくれました。

そのお姿は！　なんと！　トラなのです！　トラです！

トラの神様がいるんだ！！　ひえ〜！　と心の中で大騒ぎしました。トラのお姿の神様は今まで見たことがありません。

というか、いることすら知りませんでした。

珍しいのでまじまじと見せていただくと、本当にトラなのです（変な日本語ですみません）。動物園にいる、ガオ～というトラよりも質の高い姿をしていて、どちらかというと絵に描いたようなトラです。漫画やイラストのような可愛いトラじゃなく、古代中国の絵のトラ……みたいな感じです。顔に赤い模様があるのです。

見た目でいえばトラですが、神格が高いので非常に神々しいです。龍みたいな自然に近い神獣で、しかも、ものすごーーーく大きいのです。さらに、ものすごーーーく強いです。巨大な龍神と一緒です。パワーが強烈なのです。パワーでいえば龍より強いかもしれません。

大陸にはトラの神様がいるんだ～、へぇぇぇぇ～！　と感動しました。

境内には絵馬殿があって、そこに掛けられている絵馬を見たら、合格祈願とか、縁結びとかいろんな願掛けが書かれていました。このトラの神様に合格祈願は違うのでは……と思ったので、質問をしてみました。

「あの？　合格祈願とかありますけど？」

「かまわぬ」

そういって神様は破顔一笑し、

「なんでも願え」

と、素敵な笑顔でいいます。

見た目からは想像がつかなかったのですが、ほんわかと優しい神様です。

大陸から来たトラの神様かぁ……すごいな、日本で1柱しかいないのでは？　と思いつつ、他の話を聞くよりもとにかく見るほうに必死でした。ひたすらお姿を拝見しました。本当にトラなんだな～、迫力があるな～、と。

ご本人がいうように、願掛けはなんでもオーケーです。特に、トップに立つ、勝ち抜く、他を制す、みたいなごりやくがお得意だそうです。

そこで、ふと「あれ？　ここのご祭神って誰になっているのだろう？」と思い、神社のリーフレットを見たら、宗像《むなかた》三女神と書かれていました。

「神様！　ご祭神は宗像三女神になっていますよ！」

私が驚いて叫ぶと、神様は大爆笑です。トラが笑っているので、なんともいえず可愛いお顔であり、ほっこりとする光景です。見ているこちらも笑顔になります。ご祭神の名前に関してはまったく気にしていないみたいでした。

しかし……なんで宗像三女神なのだろう？　全然違うのに……と不思議でした。そこで、参拝を終えて車に戻る時に、もしかしたら由緒のところに、なぜ宗像三女神なのか理由が書かれているかも？　と由緒書きを読みました。

ここで、大げさではなく本当に腰を抜かしそうになったくらい驚きました。いただいたリーフレットから引用します。

【『日本書紀』応神《おうじん》天皇二十（二九二）年九月条に「倭漢直《やまとのあやのあたい》の祖阿知使主《あちのおみ》、其の子都加使主《つかのおみ》、並びに己が党類十七県を率いて、来帰けり」とあり、阿知使主の一族が渡来した事が記されており、この一族の一部が当地周辺に定住した事が「阿知」の地名発祥、また当社社号の由来と伝えられております。

当社境内には磐境《いわさか》・磐座（我が国固有の古代祭祀遺跡）と呼ばれる多くの石組が点在しており、中でも本殿西側にある鶴亀の磐境は古代庭園とも呼ばれ、日本固有の信仰と陰陽思想などの大陸文化が融合した神仙蓬莱《しんせんほうらい》様式という形から、彼らの手により築き祀られたのではないかとも言われております。

また一説に、応神天皇の母后である神功《じんぐう》皇后が三韓《さんかん》遠征の途上、暗夜に航路を見失った際、宗像神に祈願したところ、三振りの剣が当地に天降って航路を照らし、それによって難を逃れる事ができたので、のちにこの三振りの剣を三体明剣《さんたいみょうけん》と崇《あが》め、氏神として斎《いつ》き祀ったとも伝えられております。】（ルビ編集部）

阿知使主という人物の一族……ここの地名にもなったこの一族の人々は、渡来人《とらいじん》だったのです！

ひえ〜〜〜〜〜〜！　へえええええぇぇぇ！　渡来人《とらいじん》が海を渡ってくる時に、神様も一緒に連れて来たんだ〜、なるほど〜、と納得です。神社の由緒は後づけが多いのですが、歴史に忠実なものもあるのですね。

龍はしょっちゅう空を泳ぐので、空に向かって力がひらいています。散歩みたいに気ままに泳ぎに行きますし、メインの活動場所が空だからということもあります。

トラは大地……広い範囲の地上に力が漂うというか、地面の上の空間に力がひらいています。ご神気を浴びられるのが神前だけとか、本殿まわりとか、本殿エリアだけとか、そのように狭い範囲ではありません。神社があるそのあたり一帯に同じ濃度でご神気があるのです。裏の駐車場にまであり、さらに、その向こうのほうまでありました。パワーの漂う範囲が広いのです。

阿知使主のことを知ったのは車に乗ったあとだったので、ああ、しまった、もっといろいろと聞いておけばよかった、と思いました。しまったな、おふだも買えばよかったわ、と後悔もしました。

この神様がいるから倉敷って有名な都市に発展したのかな、と思いました。それほどのパワーを持った神様です。いや〜、神社って行ってみないとわからないですね。

素晴らしい神様でした。

余談ですが、この神社の手水鉢《ちょうずばち》の中には桔梗《ききょう》の花が「咲いて」いました。風流ですし、手水は竹の筒から流れるものをいただくので鉢の中に手を入れたりしません。すがすがしい気持ちにさせてもらいました。

笠間《かさま》稲荷神社　～茨城県笠間市～

お稲荷さんですが……迫力のある神社です。軍神？　というくらい威厳があります。いい意味で自信に満ちあふれた神様であり、神格も高いです。鼻のまわりにヒゲがもしゃもしゃと生えていて、珍しいお顔をしています。おじいさんというか……仙人のような狐で、お稲荷さんでこの雰囲気はなかなかいません。

けっこう古いお稲荷さんであり、パワーも強大です。時々、お体が白い色からふっと透明になったりして、それが神格を表しています。でも、神社ができたのはどうやら江戸時代のようで、そんなに古くはありません。神様の歴史と神社の歴史が合わないので、そのへんを聞いてみました。

お稲荷さんは伏見稲荷大社から来たといいます。しかし、最初は勧請されて来たわけではなく、大昔に自発的な修行で伏見を出て、それでこの地域に来たそうです。

『京都でひっそりスピリチュアル』という本に書きましたが、伏見稲荷にいる眷属は守ってやりたいという人物を見つけたら、その人についていって自発的な修行をします。

このお稲荷さんは、非常に真面目で信心深い、加えて心根もよい人を見つけたので、その人について行ったそうです。商いをしていた男性だったため、商いを大きくしてやろうと思ったといいます。

お稲荷さんがせっせと働いたので男性の商売は繁盛し、男性は伏見稲荷にお礼参りに行きました。その際に勧請をして、正式に屋敷神として自宅に祀ったのです。ついていたお稲荷さんはそこに入りました。

屋敷神として祀られたので、お稲荷さんはますます頑張って働きます。男性は丁寧なお世話をするし、信仰心の厚い人だったため、お稲荷さんも頑張りがいがあったみたいです。男性の家はどんどん栄えていきました。

裕福になっていく様子を見ていた近隣の人が、自分たちにもお参りをさせてほしいと、お願いにくるようになりました。そこで男性は小さなお堂を建てます。お稲荷さんをそちらに遷座し、地域の人も参拝できるようにしたのです。それが徐々に大きくなって、神社へとつながっています。

小さなお堂にいた時のお稲荷さんは、それはもう思いっきり願いを叶えていて、そのために動きまわったらしいです。つまり、ものすごーーく働いているのです。その結果、大勢の人に心から信仰されて、ますますパワーアップしています。

この神様の特徴は〝出世〟をしていることです。最初は、力がそんなに強くない下っ端の眷属でした。伏見稲荷では重要な位置にいなかったのです。

ひとりの人間について行くところから始めて、屋敷神、小さなお堂、そして神社へと、鎮座する場所の規模が大きくなっています。ご本人もどんどん力をつけていき、大きなお稲荷さんとなり、神格も高くなっているのです。

ものすごく頑張った、と笑っていたので、その努力は相当なものだったのでは？

と思います。出世をした神様ですから、人間の立身出世にも強いです。その方向に好転させる波動を持っているとのことです。

この神社も商売繁盛、金運など、お金のお願いが多いそうです。ここでお稲荷さんが面白い話をしてくれました。人間はお金の願掛けが叶うと、「ごりやくがある！」「霊験あらたか！」とそれまで半信半疑だった人もコロッと信心深くなるそうです。

病気が治ったとか、豊作になったというよりも、お金の願掛けが叶うほうが「ごりやくがある神様だ！」「ここには強い神様がいる！」「この神様はすごい」と、深い信仰につながるというのです。面白いですね。

人間の信仰心を高めるために、頑張って働いて、お金の願掛けをせっせと叶えたといっていました。お稲荷さんが商売繁盛にごりやくありと全国的にいわれているのはこのためらしいです。

これだけ大きくなった今でも、このお稲荷さんは眷属任せにせず、お仕事を頑張っているそうです。それは小さな眷属たちがひとりの人間について行って、自分がやったように、修行で大きくなれるように……という思いからです。

お稲荷さんが頑張る↓願掛けがたくさん叶う↓参拝者がますます増える↓大勢の参拝客が来る、というように神社に来る人を増やすためです。たくさんの参拝客の中には信仰心が厚く心根のよい人が必ずいる、小さな眷属がその人を見つけて「この人について行こう」と修行に出ることができる……というわけで、小さな眷属たちの未来につながるのです。

参拝者の中にはそんなに信仰心が厚くない人とか、心根のよくない人とか、簡単に信仰を捨てる人もいます。誰にでもついて行っていいというわけではありません。だからこそ、来る人を増やす必要があるのです。

そのためには神様自身が身を粉にして働いて、霊験あらたかでごりやくがある神社を保たなければなりません。それで今も頑張っている、といっていました。多くの眷属がいて、その眷属たちを思いやる気持ちが深い神様です。

ここは本殿の裏がとても気持ちのよいエリアになっていました。後ろから見る本殿の美しさが絶品です。彫刻が美術品のようでした。

その本殿裏には、以前はお塚信仰の場だったのかもしれませんが、狛狐像がいっぱい奉納されているコーナーがあります。ここはここで別のお稲荷さんの一団ができており、別行動をしています。お塚信仰は暗いところが多いのですが、この神社はよい雰囲気で明るかったです。全員が協力をして仲良く働いている集団です。

神社の周辺には神具店がいくつもあって、本格的なお社がいろいろと売られていました。狛狐像もいろいろです。屋敷神用の、下が石の土台で上にお社という、境内社っぽいお社も売られていました。

庭があったら屋敷神がいいかも～、と屋敷神を持つことに憧れを抱きました。家の中の神棚に祀るより、お稲荷さんも自由だし、神棚よりも広いので、いつか戸建てに住んだら（住めないと思いますが）、屋敷神を祀りたいと思いました。

酒列磯前神社《さかつらいそさき》　～茨城県ひたちなか市～

駐車場は境内の入口近くにあって、駐車場から参道に入ると拝殿はすぐそこという感じです。参道が素晴らしいので、そのまま拝殿のほうには行かず、一の鳥居まで歩きました。一の鳥居から改めて見ると、スカーッと一直線の長～い参道が境内まで続いています。気持ちがいいです。

参道の両脇にはタブノキがたくさんありました。「これって、天狗が座る木だ！」と思ったら、木に名前が書かれていたのです。へぇ～、タブノキっていうんだな、とひとつ勉強になりました。

参道の先には拝殿があります。なんだか迫力のある直線（参道）だな～、と思ったら、拝殿のところから眷属が歩いてくる参拝者を見ているのです。歩いている姿勢や態度をじーっと見ていました。

ひゃ〜、見られてる〜、歩いているところから見てるんだ、と姿勢を正しました。ここは気を抜かずに歩かねば、と緊張もしました（笑）。

拝殿の前にはやや大きめの狐の眷属が2体、地面に座っています。拝殿の前に眷属がいる場合、普通だったら狛犬像に入っています。けれど、ここは狐姿の眷属が左右に座っているのです。

あら？　狛狐？　お稲荷さんなのかな？　と思いましたが、お稲荷さんではありません。二の鳥居をくぐった左側に境内社がいくつかあって、そこに稲荷社

がありました。でも、この境内社のお稲荷さんとは違うのです。

拝殿前に座っている2体の狐は、拝殿を守っているというか、境内に入ってくる人を監視しているというか、とにかくじーっと来る人を見ています。セキュリティチェックをしているような眷属です。

大きな社殿の奥にいる神様は海の神様でした。凪《なぎ》状態の海のような、穏やかなご神気が漂う境内となっており、特に本殿の裏側が超心地よい空間となっています。爽やかでスカッとしていて、それでいてあたたかく包み込むような柔らかさがあります。ああ、癒やされる〜、ここにずっといたい、充電されるぅ〜、という場所なのです。

どうして本殿の裏側って、こんなに気持ちがいいのだろう？　と少し前からそこが謎でした。出雲大社もそうだし、あちこちの神社でもそれを感じてきました。伊勢の猿田彦《さるたひこ》神社もそうです。そこで、神様に聞いてみました。自分でも理由を考えたことはあるのですが、さっぱりわからなかったのです。

神様はにこやかにこういいました。

「荒魂《あらみたま》と和魂《にぎみたま》を知っているか？」

「はい、伊勢神宮で社殿が分かれていたので、そこで知りました」

荒魂と和魂というのは、ニッポニカの解説を引用しますと……。

【古代日本人は、神霊は、異なった霊能をもつ別個の霊魂から複合的に構成されていると考え、これを2大別して荒魂・和魂とよんだ。荒魂は外面に表れた荒々しくたけだけしい面の作用をいい、これに対して和魂は柔和、仁慈の徳を備えている面をいう。普段は一つの神格のなかで統合されているが、ときには両者が分離し、単独に一神格として行動することもある。】

つまり、神様には優しくて平和的な面と、厳しくて恐ろしい面がある、場合によっては2柱の存在に分かれるが、普段は統一されている、という考えみたいです。それで神社によっては荒魂と和魂を別に祀っているのです。

私は神様が状況によって2柱に分かれるのを見たことがありませんし、聞いたこともありません。分かれることはないにしても、神様には二面性があって、どちらかの面を表に出しているということも……私はないと思っています。なので、初めて荒魂と和魂があるという考えを知った時は、そのようなとらえ方もあるのだな〜、と思いました。

神様がいうには、神様の魂が2つに分かれるわけではないし、状況によって2柱に分離することもないそうです。ついでにいえば、激怒して嵐を起こす、バチを与える……などもしないそうです。

ただ、神社によっては、波動の風の向きがあるといいます。それは社殿の建っている土地や、社殿の構造（屋根の形や千木《ちぎ》の形・向き、建物自体の造りなど）、ご神体の向き、祀り方、神社からどの方向に山があるのか海があるのかなど、複合的な要素で決まるそうです。

神様ご本人が放出する波動というものは説明が難しいのですが、虹のような感じです。パッと見は七色というデザインに見えますが、よーく見るとひとつひとつが分かれています。その七色の波動が風のように流れているわけです。

いろいろな条件によって風の流れ方に変化が生まれ、七色がバラバラになったり、ところによっては幾重にも重なったりして、それで特に濃く流れる場所ができたりするわけです。

濃く流れるというと、強いというイメージになるかもしれませんが、そうではなくて、この場合、最適な言葉は「和魂」です。七色の波動が和魂の風となって流れている、といったほうが理解してもらいやすいかもしれません。

それが本殿の裏に流れている神社がある、ということです。波動の風は均一に流れることのほうが多いのですが、中には本殿の裏、本殿の前、鳥居のそばなど、和魂の風が流れている神社があるそうです。

和魂の風が吹いている神社だったら、そのスポットに立てば、波動の恩恵を特別に濃くもらえるのかというと、そういうことではありません。和魂の風が流れていると感じることができる人は、その場所がものすごく心地よく、癒やされるという感覚になります。

この神社も本殿の裏に和魂の風が流れていますから、参拝をする方は裏を通ってみるとその心地よさがわかると思います。

大洗磯前神社《おおあらいいそさき》 ～茨城県東茨城郡～

読者さんがずいぶん前に送ってくれた写真の中に、海の岩場に鳥居が立っているものがありました。その写真を見て、いつか行こう！　と思っていた神社です。

酒列磯前神社に参拝をしたら、大洗磯前神社が兄弟神社、と書かれた案内板があったので、ますます興味を引かれました。兄弟神社という言葉、いいですね、初めて聞きました。

どちらも参拝した結果からいいますと、酒列磯前神社は海の神様で、こちらは海の上を泳ぐ龍神でした。

この神社も境内がすごく気持ちがよくて、スカーッ！　としています。まっさらな土地という印象で、何もない清らかな透明空間のように感じる境内なのです。龍神ですから、大空に舞い上がる時に、しゅわっとそのへんを一気に浄化するからだと思います。しかも大きな龍なので、ものすごくカラッとしています。

本殿の裏にまわってみると、境内社が左右3社ずつあって6社すべてに神様が入っていました。この神社は社殿の表も裏も非常に気持ちがいいです。龍神なので常に波動の風が舞っているからかもしれません。

大きな木のまわりに絵馬を飾る柵がぐるりと設置してあって、絵馬がいっぱい

吊《つ》るされていました。風が吹くと、一斉にカラカラカラカラと乾いた音が鳴ります。ややも高めでものすごく魂に響くよい音です。この音の効果もあって、さらに境内が爽やかに感じられました。

ご祭神は青い龍です。どこかで同じような龍を見たことがある……と思い出したら、東北の鼻節《はなぶし》神社でした。津波ダメージの軽い龍がいたのです。どちらも海の上を泳ぐ海の龍です。普通の龍は山の上を泳ぐのですが、海の龍は海の上を泳ぎます。

ここで私が思ったのは、海の龍神でここまで神社が大きいのは珍しいということです。神社はごりやくがあるから人が多く訪れるようになり、それで規模が大きくなっていきます。でも、ここの神様は海の龍なのです。しょっちゅう海の上を泳ぎに行っていて、泳ぐことに忙しいはずです。

さらに龍ですから、個人にぴったりと寄り添って細かく願いを叶えるということもしないはずなのです。そこで、

「どうやってごりやくを授けているのですか?」

と、ズバリ聞いてみました。すると、

「パワーを与えているだけだ」

という答えが返ってきました。この龍神のパワーは強大です。海の龍であり、すぐ

そばが大海だからです。

持っているそのパワーを人間に分け与えている、といいます。パワーを分けてあげるためには常にエネルギーを補給しておかなければならず、それで海の上をしょっちゅう泳いでいるそうです。

次に龍神が口にした言葉に驚きました。

人間は、上質のパワーを充電されると、それでなんとかなる人が多い、とのことです。

「えーっ！　そうなんですか！」

「人間は弱い生き物ではない。芯があって強いぞ」

へえぇぇぇー！　と聞いていたら、さらに教えてくれました。人間の意志には力がある、その意志を持っている生き物だから、パワーが満ちると強いそうです。

穢《けが》れの語源である「気枯《けが》れ」……この「気《き》が枯れた」状態だったら人間は何もできないらしいです。しなしなしな～と小さくしおれてしまい、活動がつらい状態になります。こういう状態になった人がよく神社に来る、と龍神はいうのです。

そこで、龍神は枯れた「気」を満たす、つまりそこを充電するパワーをポンと与えます。すると一気に充電されて、「魂のエネルギー」が満タンになります。魂が元気になると、そのあとは自分でなんとかするそうです。

人間は、「よし！　店の売り上げを倍に伸ばすぞー！」とか、「勉強を頑張って、第一志望に合格するぞー！」というように、気力が充実した人、気合を入れている人、パワーで満たされている人が成功するそうです。その成功の燃料となるものを与える神様です。

成功した人は他力本願で、運とか、人脈とか、何もかも天からもらっているのではないのですね。自分の意志で運命を切り開いている部分もあるのです。自分のパワーも成功の要素のひとつです。

「パワーしか与えていない」

といっていましたから、ここの神様は願掛けを叶えるのではなくて、願掛けが叶うようにサポートをしています。非常に珍しいごりやくです。自分のパワーを削って与えるのですから、龍神ご本人はしょっちゅう補給をしなければなりません。すごいです。面倒くさがらずにこの方法で人々を救っているわけです。本来は自由気ままな性質なので（龍だからです）、特にそう思いました。

ちなみに、海岸にあった鳥居はただの鳥居でした。そのあたりが特別にどうということもなかったです。海岸に行く時間があれば、境内で龍神の波動とパワーをたくさんいただいたほうがいいです。

私はおふだと絵馬を購入しました。授与所にいた若い巫女さんも、ものすごく感じがよくて親切で、二重にも三重にも来てよかった、と思った神社でした。

おわりに

スマホやパソコンを使う環境にいないという読者さんがおられるので、大事なことは本にも書くようにしています。

ブログを読まれた方は全員知っている、でもブログが読めない環境にいる方はまったく知らない……というのは、なんだか申し訳ないと思うので、今回はお伝えしたいことを「おわりに」にかえて書くことにしました。まずは金運アップの新しい情報です。

元夫が少し前にお財布をプレゼントしてくれました。よい商品で見映えもいいのですが、色が真っ黒なため、お金を気前よく吐き出す……というお財布でした。入ってきたお金を惜しげもなく全部出してしまうのです。プレゼントなので我慢して使っていましたが、大金をドカドカと吐き出すようになったので、お出かけ用にしました。そして新たに普段使いのお財布を自分で買ったのです。

買い換える直前に神田明神に行きました。将門さんにお財布のグチをこぼしていたら「初めて財布を使う場所は選べ」と、いわれたのです。

それは……どこで何を買うのかが、お財布のその後の運勢を左右するのかな？　と思いました。激安スーパーで野菜を買うのか、百貨店で高級スイーツを買うのかで違ってくるのだろうか？　などと考えていたら、そうではないといいます。

「神社で使え」

将門さんによると、お財布の最初の仕事を「お賽銭を入れる」「おみくじを引く」などにするといいそうです。お財布の口を開ける最初の場所が神社だと、神様がお祓いをしてくれるというのです。

新しいお財布を買った私はさっそくお財布にお金を入れて、クレジットカードや免許証なども入れて、完全に普段のお財布状態にし、それを持って神田明神に行きました。

私の通常の参拝順序は、お賽銭↓（鳴らす時はここで鈴。めったに鳴らしませんが）↓2拍手↓祝詞・ご挨拶・祈念↓2拍手↓1礼です。でも、この参拝順序だとお願いをする前にお財布を開けることになります。したがって、新品のお財布をおろす場合に限っては、最初のお賽銭を省きます。

お賽銭を入れずに、鈴を鳴らす人は鳴らし、2拍手して、祝詞を唱えて、ご挨拶をし、お財布をお祓いして下さい、清めて下さい、金運の悪いお財布になりませんように、ということをお願いします。そして2拍手して、1礼をして、一旦参拝を終えます。

ここでお財布からお金を出して、お賽銭箱に入れます。お財布は思いっきり、パカーッ！　と開きます。神様に中をサッパリとお祓いしてもらって、これで完了です。

こうして使っている私の新しいお財布はバンザイするほど金運がよくなりました。

ちなみに神社へ行く時の電車賃は、お財布を開けなくていいようにポケットにじかに小銭を入れる、スマホアプリや交通系カードなどを利用する、というふうに工夫をします。

境内で硬貨を拾う意味についても書いておきます。

確率からいえば、めったにないことですが、境内で硬貨を拾う方がおられます。これは大変ありがたいことです。

拾った硬貨はそのままお賽銭箱に入れてもいいですし、社務所に届けてもいいと思います。ただし、その前に……自分の硬貨と交換することをおすすめします。

落ちている硬貨を拾えるのは神様に拾わせてもらっているわけで、ここがポイントです。神様が波動を持ち帰らせたいと思った人に、硬貨を拾わせてくれることがあるのです。気づかないうちに小石や葉っぱなどがバッグに入っていたり、洋服のフードに入っていたりすることもそうです。その小石や葉っぱ、落ちている硬貨には特別な波動が込められています。

というわけで、硬貨を見つけたら自分が持っている硬貨と交換します。交換したあと、もとは自分のものだった硬貨はお賽銭箱に入れるか、社務所に届けます。落ちていた硬貨は、しばらくは部屋に置いて神様にいただいた波動を浴び、そのあとはお財布に入れておくことがおすすめです。

拾った硬貨を交換もせず、そのままお財布に入れる人はいないと思いますが、ルール違反であることは一応お伝えしておきます。拾ったのは5円玉だけどお財布に5円がない……という場合、それよりも金額が大きいものと交換します。10円玉や50円玉です。

硬貨を拾うのは神様の大歓迎であり、好意の表れ、ありがたいごりやくでもあります。たとえ1円玉だったとしても、波動入りの硬貨をもらえるという人はめったにいませんから、私だったら小躍りするくらい大喜びします。

このような神仏からのサインを見落とさないようにすれば、人生はもっと明るく輝いていきます。どんなサインでも気づけるように、神社仏閣では心を澄ませ、神仏に意識をしっかり置いて参拝することがベストです。

桜井識子

宝島社
文庫

にほんの結界 ふしぎ巡り
(にほんのけっかい ふしぎめぐり)

2024年7月17日 第1刷発行

著 者 桜井識子
発行人 関川 誠
発行所 株式会社 宝島社
〒102-8388 東京都千代田区一番町25番地
電話:営業 03(3234)4621/編集 03(3239)0928
https://tkj.jp
印刷・製本 株式会社広済堂ネクスト

本書の無断転載・複製を禁じます。
乱丁・落丁本はお取り替えいたします。

©Shikiko Sakurai 2024
Printed in Japan
First published 2020 by Takarajimasha, Inc.
ISBN 978-4-299-05726-6